Jahrzehntelang wurden sie von der Politik ignoriert. Die Industrie wollte auf gar keinen Fall etwas mit ihnen zu tun haben. Die Forschung nahm sich ihrer nur selten an. Doch plötzlich spricht ein deutscher Regierungschef von moralischer Verpflichtung, gesteht die Industrie Verantwortung ein, widmen sich Historiker den Firmengeschichten, um nach ihnen zu suchen – plötzlich sind die vergessenen Opfer der Nationalsozialisten ein Thema in Deutschland, auf einmal reden alle über die zumeist aus Osteuropa verschleppten Zwangsarbeiter. Für viele dieser Opfer aber kommt mehr als 50 Jahre nach dem Ende des Zweiten Weltkriegs jede jetzt versprochene Entschädigungszahlung zu spät.

›Späte Abrechnung‹ skizziert diese Umbrüche im wiedervereinigten Deutschland, das noch auf der Suche nach seiner Identität ist und gleichzeitig von einem lange verdrängten Teil seiner Geschichte nachhaltig erschüttert wird. ›Späte Abrechnung‹ beleuchtet den Komplex der Zwangsarbeit im »Dritten Reich« aus der Opfer- wie aus der Täterperspektive. Und ›Späte Abrechnung‹ untersucht vor allen Dingen, was sich hinter den Kulissen der Verhandlungen zwischen Politik, Wirtschaft und Anwälten abspielte, bis den Opfern schließlich eine Entschädigung für ihr Leiden in Aussicht gestellt wurde.

Matthias Arning, geboren 1963, Studium der Politikwissenschaften, 1995 Dr. phil.; seit 1995 Redakteur der *Frankfurter Rundschau* – zuständig für Zeitgeschichte und CDU.

Unsere Adresse im Internet: www.fischer-tb.de

Matthias Arning

Späte Abrechnung

Über Zwangsarbeiter,
Schlußstriche und
Berliner Verständigungen

Fischer Taschenbuch Verlag

Die Zeit des Nationalsozialismus
Eine Buchreihe
Herausgegeben von Walter H. Pehle

Originalausgabe
Veröffentlicht im Fischer Taschenbuch Verlag GmbH,
Frankfurt am Main, Mai 2001

© Fischer Taschenbuch Verlag GmbH, Frankfurt am Main 2001
Alle Rechte vorbehalten
Satz: Fotosatz Otto Gutfreund GmbH, Darmstadt
Druck und Bindung: Clausen & Bosse, Leck
Printed in Germany
ISBN 3-596-15018-3

Inhalt

Vorwort 7

Erstes Kapitel
Wenn die Geschichte in die Gegenwart hereinbricht 9

Zweites Kapitel
Wie eine jahrzehntelange Blockade zu bröckeln beginnt 16

Drittes Kapitel
Zwangsarbeiter im »Dritten Reich« 40

Viertes Kapitel
Die Verhandlungen zur Entschädigung von Zwangsarbeitern . . 64

Fünftes Kapitel
**Geschichte der Gegenwart, Gegenwart der Geschichte –
Verständigungsverhältnisse in Zeiten der Einheit** 126

Anmerkungen 149

Bibliographie 155

Vorwort

6650 Arbeitsstunden, die Stunde für 60 Pfennig. Die Gestapo stellt dafür 4000 Reichsmark in Rechnung. Die Deutsche Bank, Filiale Leipzig, zahlt prompt. 4000 Reichsmark für Zwangsarbeiter, die die Gestapo auf direktem Wege beschafft. Das belegen Nachforschungen im Staatsarchiv Leipzig Ende des Jahres 2000 – mehr als 56 Jahre, nachdem Zwangsarbeiter die Filiale der Deutschen Bank nach Bombenangriffen von Trümmern befreit hatten.[1] Diese Zwangsarbeiter gehörten zu den knapp 7,7 Millionen ausländischen Arbeitskräften, die im August 1944 im »Großdeutschen Reich« beschäftigt waren – zumeist in der Rüstungsindustrie und bei militärischen Bauprojekten, im Bergbau und in der Landwirtschaft.

Aber bei Banken? Wer wollte auf so eine Idee kommen? Zwar wußten auch die Geldinstitute das nationalsozialistische System für ihre Interessen zu nutzen. Doch Banken haben nun mal mit der kriegswichtigen Industrieproduktion und der Bestellung von Äckern zumindest unmittelbar nichts zu tun.

Der Fall aus der Filiale Leipzig macht jedoch deutlich – Zwangsarbeiter gehörten während des Zweiten Weltkriegs spätestens nach dem Angriff der Wehrmacht auf die Sowjetunion zum Alltag in Deutschland. Wohl kein Unternehmen, kaum ein mittelständischer Betrieb, wenige Bauernhöfe und auch private Haushalte wollten zu dieser Zeit auf Fremdarbeiter oder auch Kriegsgefangene zumeist aus osteuropäischen Ländern verzichten. Wohl kein anderes Unrecht aus dieser Zeit dürfte den Deutschen so präsent gewesen sein wie die Ausbeutung dieser Arbeitskräfte vor der eigenen Haustür oder in den eigenen vier Wänden.

Nach dem Zweiten Weltkrieg aber spricht kein Mensch mehr darüber. Erst mehr als fünf Jahrzehnte danach gelingt es Opferverbänden und US-amerikanischen Anwälten, die Belange dieser vergessenen Opfer auf die politische Tagesordnung zu setzen und die Republik damit doch noch zu konfrontieren.

Dieses Buch wäre über eine anfängliche These nicht hinausgekommen, wenn Walter H. Pehle vom Fischer Taschenbuch Verlag nicht gleich Interesse bekundet hätte. Für wertvolle Anregungen bin ich auch Naomi Naegele, Reino Schönberger und Judith von Sternburg ausgesprochen dankbar.

Frankfurt am Main, im Dezember 2000

Erstes Kapitel
Wenn die Geschichte in die Gegenwart hereinbricht

Zu Beginn des Jahres 1990 setzt sich die Bundesregierung unter Kanzler Helmut Kohl im wesentlichen zwei Ziele für die bevorstehenden Verhandlungen mit den Alliierten des Zweiten Weltkriegs: Das Kabinett will die Vereinigung der beiden deutschen Staaten nach dem Kollabieren der DDR zustande bringen und – auf jeden Fall – die in diesem Zusammenhang sicherlich wieder aufkommenden Forderungen auf Entschädigung ehemaliger Zwangsarbeiter vor allem aus Osteuropa ausschließen. Wenn jetzt, stellt der CDU-Politiker Kohl dem Wortprotokoll zufolge in einem Gespräch mit dem britischen Außenminister Douglas Hurd am 12. März klar, »wenn jetzt eine innenpolitische Diskussion über Reparationen beginne, werde das katastrophale Wirkungen haben«[1].

Am frühen Abend des 9. Juni 1942 wendet sich Heinrich Himmler in Berlin in einer Rede an die Obergruppenführer und Gruppenführer der SS. Der Chef der nationalsozialistischen Terroreinheiten blickt – wie sein Dienstkalender vermerkt – voraus auf die Dinge, die nach einem für das Deutsche Reich siegreichen Ende des Zweiten Weltkriegs kommen mögen. Himmler stellt fest: Allein aus finanziellen Gründen müsse man »unsere Lager mit Sklaven vollfüllen – in diesem Raum sage ich die Dinge sehr deutlich und sehr klar –, mit Arbeitssklaven, die ohne Rücksicht auf irgendeinen Verlust unsere Städte, unsere Dörfer, unsere Bauernhöfe bauen«.[2] Seine Zuhörer dürften unmittelbar verstanden haben, was Himmler, der sich zunächst aus rassenideologischen Gründen energisch gegen den Einsatz etwa russischer Zivilarbeiter gewehrt hatte, mit diesem Entwurf eines künftigen Aufgabengebietes der SS meint – schließlich gehören sie zu diesem Zeitpunkt bereits zu den Organisatoren des Zwangsarbeitsprogramms im Deutschen Reich. Die deutsche Kriegswirtschaft funktioniert ein Jahr nach dem Angriff der deutschen Wehrmacht auf die Sowjetunion, der sich angesichts des ungeahnt zähen Widerstands nicht länger als »Blitzkrieg« führen läßt, ohne Arbeitskräfte aus den besetzten Gebieten – bevorzugt Osteuropas – nicht mehr.

Vier Jahre nach dieser SS-Konferenz verkündet das Internationale Militärtribunal in Nürnberg sein Urteil gegen deutsche Kriegsverbrecher. Zu den zentralen Anklagepunkten gegen führende Nationalsozialisten, Industrielle und Befehlshaber der Wehrmacht gehört »die Politik der Zwangsarbeit«, die das Gericht seiner Begründung zufolge »an die schwärzesten Zeiten des Sklavenhandels« erinnert.[3] Doch obgleich die alliierten Gerichte dem Thema Zwangsarbeit durchaus große Bedeutung zumessen, bleibt es »wenig bedeutsam (...) für die Auseinandersetzung mit den Prozessen in der deutschen Öffentlichkeit«, merkt Ulrich Herbert in seiner grundlegenden Studie über »Politik und Praxis in der Kriegswirtschaft des Dritten Reichs«[4] an.

Nach Nürnberg spielt das Thema über fünf Jahrzehnte hinweg in der Öffentlichkeit überhaupt keine Rolle. Selbst die Forschung nimmt es kaum wahr, wenngleich sich ostdeutsche Historiker bei ihrer steten Suche nach Belegen für die These vom Faschismus als einem Produkt des Kapitalismus gelegentlich daranwagen. Die appellative Entschließung des Europäischen Parlaments von 1986, die ehemaligen Zwangsarbeiter endlich zu entschädigen, bleibt weitgehend unbeachtet. Parlamentarische Vorstöße der Opposition im Deutschen Bundestag, die Entschädigung dieser NS-Opfer anzugehen, schmettert die Regierung Kohl immer wieder ab. Die Entschädigungskasse, betont der Kanzler kurz vor der Bundestagswahl 1998 noch einmal, bleibt zu.

Doch im Zuge der Vereinigung der beiden deutschen Staaten, außenpolitisch besiegelt über den Zwei-plus-Vier-Vertrag, eröffnen sich für diese Opfer des Nationalsozialismus durchaus auch Chancen. Das Bundesverfassungsgericht erschließt ihnen in einem Beschluß von 1996 einen individuellen Weg, ihre Ansprüche auf Entschädigung geltend zu machen: Völkerrechtlich, befinden die Karlsruher Richter, stehe individuellen Ansprüchen nichts entgegen. Das zieht eine Reihe von Verfahren nach sich, in denen frühere Zwangsarbeiter vor Arbeitsgerichten ihre Ansprüche anmelden.

Noch einmal drei Jahre später setzt Bundespräsident Johannes Rau am Ende langwieriger Verhandlungen über einen Entschädigungsfonds einen von der rot-grünen Koalition und großen Teilen der deutschen Industrie ersehnten Schlußpunkt: Das deutsche Staatsoberhaupt entschuldigt sich bei den Opfern für das Unrecht, das ihnen Deutsche angetan haben. »Im

Namen des deutschen Volkes«, sagt der Bundespräsident am 17. Dezember 1999 in Berlin, bitte er alle ehemaligen Sklaven- und Zwangsarbeiter um Vergebung. Sklaven- und Zwangsarbeit habe nicht nur das Vorenthalten des gerechten Lohnes bedeutet, sondern auch Verschleppung, Heimatlosigkeit, Entrechtung und brutale Mißachtung der Menschenwürde.[5] Er selbst bedauere, daß die von den Nationalsozialisten geknechteten Menschen so lange Zeit auf eine Entschädigung hätten warten müssen.

Damit sind die Bausteine dieser Studie abgesteckt. Sie zielt nicht nur auf eine Rekonstruktion der zähen Verhandlungen zwischen Regierung, Industrie und Opferverbänden über den schließlich seit Ende des Jahres 2000 vorbereiteten Entschädigungsfonds. Sie bemüht sich vielmehr auch darum, anhand dieses jüngsten und wohl auch letzten Beispiels einer »späten Abrechnung« Vergangenheitspolitik in Deutschland zu reflektieren. Keine andere Gruppe von Opfern des Nationalsozialismus hat so lange darauf warten müssen, bis eine Entschuldigung an sie herangetragen und eine Entschädigung mit ihr vereinbart wurde. Bis zum Antritt der rot-grünen Bundesregierung von Gerhard Schröder hatte es unter früheren christ- wie auch sozialdemokratisch geführten Regierungen den Konsens gegeben: Eine Entschädigung für Zwangsarbeiter fällt in den Bereich von Reparationen, lasse sich nicht mit den Wiedergutmachungszahlungen abwickeln. Über Reparationen aber lasse sich erst reden, wenn es einen Friedensvertrag gibt. Dahinter verbirgt sich der Grundsatz, den jede US-Regierung bis zum Fall des Eisernen Vorhangs immer wieder herausstellt: In den Ostblock darf nicht eine Mark fließen.

Am Anfang dieser Überlegungen steht die Beobachtung: Je konkreter das Wissen um das begangene Unrecht des NS-Regimes, desto weiter schiebt die deutsche Nachkriegsgesellschaft es von sich weg. Nach dem Ende des Krieges konnte kaum ein Zeitgenosse behaupten, von Zwangsarbeitern nichts gewußt zu haben, denn diese Opfer hatten sich in Fabriken und auf Bauernhöfen in unmittelbarer Nachbarschaft der Deutschen abrackern müssen. Anders als bei den im weit entfernten Auschwitz ermordeten Menschen, über deren Schicksal viele allenfalls Spekulationen anstellten, gehörten sie zum Alltag: Zwangsarbeiter waren ein Teil der damaligen deutschen Gesellschaft. Ein Indiz dafür liefern etwa die Schilderungen des US-Offiziers Saul K. Padover. Nicht wenige Deutsche fürchteten unmittelbar nach dem Ende des Zweiten Weltkriegs, die Zwangsarbeiter könnten sich rächen: »In Wiesbaden«, notiert Padover bei seinen »Vernehmungen im besiegten Deutschland«, »gibt es einen schwarzen Markt für Handfeuerwaffen. Die Zukunftsangst ist so groß, daß die Leute fast jeden Preis bezahlen. Sie kaufen die Waffe nicht, um sie gegen die Alliierten zu richten, sondern zum Schutz vor einem eventuellen Aufstand der Zwangsarbeiter und auch vor fanatischen Nazis.«[6]

Für die nationalsozialistische Arbeitspolitik gilt wie für andere Politikfelder auch: Das Regime hatte bei der Übernahme der Macht keine klaren und zielorientierten Pläne. Es stützte sich auf eine menschenverachtende Ideologie, die die Nationalsozialisten in aggressive, schließlich auf Expansion zielende Aktion umsetzten. Vor allem aber bestach der Nationalsozialismus »durch Macht, Phantasien der Machbarkeit alles Möglichen, durch die Lizenz, die eigenen Wünsche rücksichtslos verwirklichen zu können, (...) durch die Zerstörung der in Institutionen geronnenen Tathemmungen bei gleichzeitiger instrumenteller Nutzung dieser Systeme, schließlich durch eine ziemlich sichere Grenzziehung zwischen möglichen Opfern und möglichen Exekutoren von Terror und Mord«.[7] Zielvorstellungen der nationalsozialistischen Politik entwickelten sich zumeist erst unter dem Einfluß der durch das Regime selbst hervorgebrachten Umstände – so ist die Vernichtung der europäischen Juden ohne die Folgen, die die Annexions-, Umsiedlungs- und Neuordnungspolitik in Osteuropa mit sich brachte, nicht denkbar. Vergleichbares gilt auch für die Arbeitspolitik: Erst der sich im Verlauf des Zweiten Weltkriegs enorm verschärfende Mangel an Arbeitskräften in der Rüstungsproduktion wie auf dem Land macht auch die bis dahin als weitgehend unproduktiv geltende Zwangsarbeit in den Konzentrationslagern zu einem überaus wichtigen kriegswirtschaftlichen und auch kriegspolitischen Faktor für das Regime wie für die deutsche Industrie, die von 1942 an einen nicht unbeträchtlichen Teil ihrer Arbeitskräfte in Lagern hielt.

Mit einer solchen Sichtweise versteht sich diese Schilderung als Beitrag zur »Geschichte der Gegenwart«.[8] Eingebettet ist sie in den Kontext der Verständigungsdiskurse, die sich den Fragen zur Zukunft der »Berliner Republik« widmen. Die großen Debatten in der Bundesrepublik der 90er Jahre dienen deren Protagonisten, anknüpfend an den Historikerstreit, als

Medien der eigenen Verortung – die Kontroverse zwischen Martin Walser und Ignatz Bubis, der Streit um die vom Hamburger Institut für Sozialforschung pünktlich zum 50. Jahrestag des 8. Mai konzipierte Wehrmachtsausstellung, die Auseinandersetzungen um das Holocaust-Mahnmal südlich des Brandenburger Tores, die Thesen des US-amerikanischen Historikers Daniel Jonah Goldhagen und schließlich das Gezerre um den Entschädigungsfonds für ehemalige Zwangsarbeiter.

Die spezifische Qualität dieser Debatte bemißt sich nicht zuletzt über den Vergleich zu früheren Einschnitten, die für das Ringen um eine Selbstverständigung stehen: Die 50er Jahre sind geprägt durch die Gleichzeitigkeit der Amnestierung nach Kriegsende zunächst aus dem öffentlichen Dienst verbannter NS-Bürokraten und das Versprechen an Israel, Wiedergutmachung leisten zu wollen. »Das Thema Kriegsverbrecher war ein entscheidendes, wenn nicht das wichtigste Element in jenem Ringen um die Deutung der Vergangenheit«, schreibt der Historiker Norbert Frei: »Der zähe Kampf um die Freilassung der ›Kriegs-verurteilten‹ führte zu einer fatalen Solidarisierung breiter Kreise der Bevölkerung mit den durchaus nicht repräsentativen Interessen von Straftätern und politischen Apologeten; in gewisser Weise erfuhr die nationalsozialistische Volksgemeinschaft damals ihre sekundäre Bestätigung.«[9]

Der in der zweiten Hälfte der 50er Jahre sinkenden Bereitschaft der Deutschen, sich mit den Verbrechen der NS-Zeit auseinanderzusetzen, tritt zu Beginn der 60er Jahre der hessische Generalstaatsanwalt Fritz Bauer entgegen: Am 20. Dezember 1963 beginnt in Frankfurt am Main das Strafverfahren gegen »Mulka und andere«, der erste Auschwitz-Prozeß, der »zweifellos historisch-politisch bedeutsamste Versuch, dem verbrecherischen Geschehen im größten der nationalsozialistischen Konzentrations- und Vernichtungslager mit den Mitteln des Strafrechts beizukommen«.[10] Sein symbolischer Gehalt geht weit über die unmittelbar strafrechtliche Bedeutung hinaus. In den 70er Jahren eröffnen aufbegehrende Studenten der Diskussion vor allem eine moralische Dimension: Auschwitz wird zum Emblem sämtlichen Unrechts, eine Metapher für das Böse schlechthin. Den Anstoß für die Debatte in den 80er Jahren gibt die von Ernst Nolte vorgetragene These, der Angriff der deutschen Wehrmacht auf die Sowjetunion habe präventiven Charakter gehabt, weil der Ansturm von Stalins

Armeen ohnehin zu erwarten gewesen sei. Somit habe die Wehrmacht Westeuropa gegen die Barbaren verteidigt. Eine Ansicht, an der sich schließlich der Historikerstreit entzündete.

In den 90er Jahren spielt nach der Vereinigung der beiden deutschen Staaten und dem Ende des kalten Krieges die geschichtspolitische Konstellation eine wesentlich größere Rolle als noch in der alten Bundesrepublik und der vergangenheitspolitisch im wesentlichen auf den Mythos des Antifaschismus gegründeten DDR: Im Hinblick auf die Verortung der »Berliner Republik« bekommt die Auseinandersetzung mit der NS-Zeit eine zentrale Bedeutung. Der Nationalsozialismus ist seitdem der Bezugspunkt für den Versuch, für eine gemeinsame – ost- wie westdeutsche – Erinnerungskultur als Basis eines künftigen Selbstverständnisses Schnittmengen zu bilden. Das hebt diese Phase ganz entscheidend von den 50er Jahren ab.

Zugleich aber treten Parallelen deutlich zutage: Konrad Adenauer und Gerhard Schröder sehen sich gleichermaßen dem Problem der Integration gegenüber – in Zeiten der Selbstfindung sucht das Kollektiv mit dem Markenzeichen »Bundesrepublik Deutschland« nach einer Vorstellung von Gemeinschaft, die nach dem Zweiten Weltkrieg und nach dem kalten Krieg auch außenpolitisch tragfähig ist. Beide Bundeskanzler lassen sich in dem Augenblick auf Entschädigungsforderungen ein, in dem der außenpolitische Status möglicherweise zur Disposition stehen könnte und der Druck daher – vor allem seitens der USA – groß ist. Sie beschwören eine Schicksalsgemeinschaft, die zusammen nicht Schuld bekennen soll, sondern Verantwortung zu übernehmen hat: Für Adenauer der inneren Harmonie wegen, bei Schröder ob der Arbeitsplätze – der Entschädigungsfonds für ehemalige Zwangsarbeiter ist ihm dafür eine Gewähr.

Einer kurzen Skizze der Gemengelage, der sich die deutsche Industrie von 1998 an durch die Sammelklagen früherer Zwangsarbeiter in den USA gegenübersieht, schließt sich im dritten Kapitel der Versuch an, die Dimensionen der Zwangsarbeit im Deutschen Reich historisch zu erschließen. Das vierte Kapitel zeichnet die unterschiedlichen Positionen und Selbststilisierungen derer nach, die über knapp zwei Jahre hinweg an den Auseinandersetzungen um den Entschädigungsfonds beteiligt sind – sie stehen am Ende des 20. Jahrhunderts noch einmal konkret wie auch stellvertretend für überaus unterschiedliche geschichtspolitische Perspektiven. Das fünfte Kapitel diskutiert schließlich die aus den Debatten der 90er Jahre erwachsenden Ressourcen künftiger Erinnerungskulturen im Deutschland des 21. Jahrhunderts – für die Zeit also, wenn die verbliebenen Zwangsarbeiter und Überlebenden von Auschwitz gestorben sind. Insofern also geht es um eine Geschichte der Gegenwart wie um die Gegenwart der Geschichte.

Zweites Kapitel
Wie eine jahrzehntelange Blockade zu bröckeln beginnt

Im November 1998 haben führende, auf den Export orientierte Konzerne der deutschen Industrie eine Menge Ärger am Hals. Opfer des Nationalsozialismus werfen der Deutschen wie der Dresdner Bank und dem DegussaHüls-Konzern vor, mit Gold und sogenannten nachrichtenlosen Konten während des Zweiten Weltkriegs lukrative Geschäfte gemacht zu haben. Die beiden Geldinstitute sollen dafür 18 Milliarden Mark an die Opfer zahlen, die sich in Sammelklagen zusammengeschlossen haben. Die Klagen sind bei US-amerikanischen Gerichten anhängig. Sammelklagen, dieses eigenwillige, für das US-Recht spezifische Element, bündeln Ansprüche von Klägergruppen unter dem Dach eines gemeinsamen Interesses und lassen somit überaus hohe Streitwerte zu.

18 Milliarden Mark gelten als ein Betrag, der – gemessen an den Sammelklagen gegen die US-amerikanische Tabakindustrie – vor allem symbolischen Gehalt besitzt: Er steht für den Versuch einer justitiablen Dimensionierung des Verbrechens und soll sich – in dem Wissen, daß auch diese Verfahren auf einen Vergleich hinauslaufen dürften – abheben von dem kurz zuvor gefundenen Kompromiß mit den Schweizer Großbanken: Die eidgenössischen Geldinstitute verpflichteten sich vor einem New Yorker Gericht dazu, für sogenannte nachrichtenlose Konten aus den Jahren des Zweiten Weltkriegs insgesamt umgerechnet 2,25 Milliarden Mark in einen humanitären Fonds zu geben, der hilfsbedürftigen Menschen weltweit zur Verfügung stehen soll – Opfer des Holocaust eingeschlossen.

Das Gold, um das es am Anfang der Verfahren gegen deutsche Konzerne in den Vereinigten Staaten vor allem geht, hatten SS-Leute vorwiegend in nationalsozialistischen Konzentrationslagern erbeutet. Es handelte sich zumeist um Zahngold von Juden: Die Männer der Terroreinheiten brachen den getöteten Juden die Goldkronen heraus. Die Nationalsozialisten wollten Beute machen und ließen ihren Opfern nichts: »Auch eine Anzahl Füllfederhalter und Drehbleistifte aus purem Gold sind vorhanden«, berichtete beispielsweise der SS-Gruppenführer August Frank am 13. März 1943 seinem Chef Heinrich Himmler nach Berlin. Offensichtlich war Frank zu diesem Zeitpunkt nicht recht klar, was mit der Beute passieren sollte: »Sollen diese an die Reichsbank zum Auslandsverkauf oder zum Einschmelzen abgegeben werden?« fragte er vorsichtshalber in der Zentrale nach.[1]

Im Mai 1997, zu einem Zeitpunkt, als die Enthüllungen über Hitlers Bankiers in der Schweiz einem Höhepunkt zusteuern, erfährt eine breitere Öffentlichkeit davon, daß die Degussa, nach eigenen Angaben seit Anfang des Jahrhunderts die größte Edelmetall-Scheideanstalt in Europa, während der Zeit des Nationalsozialismus Gold und Silber aus jüdischem Besitz eingeschmolzen hat. Bei einer öffentlichen Fachtagung der Gesellschaft für Unternehmensgeschichte, kurz: GuG, im IG Farben-Haus in Frankfurt am Main räumt der Generalbevollmächtigte von DegussaHüls, Michael Jansen, schließlich auch ein, daß das Unternehmen das Gold eingeschmolzen und an die Reichsbank zurückgeliefert habe – und das nicht nur unter dem Einfluß oder gar dem Druck der Reichsregierung. Die Manager des Konzerns hätten sich während des Zweiten Weltkriegs auch selbst darum bemüht, an Gold und Silber aus dem Besitz ermordeter Juden zu gelangen, bekennt Jansen in einer bis dahin nicht für möglich gehaltenen Offenheit.[2] Plötzlich bricht ein Konstrukt zusammen, mit dem deutsche Manager die Verhältnisse zwischen 1933 und 1945 auf eine recht schlichte Art zu erklären versucht hatten: hier das terroristische System der Nationalsozialisten, dort die Wirtschaft. Mit der Übersetzung der gesellschaftlichen Verhältnisse in moralische Kategorien erschienen hier die Täter, auf der anderen Seite die Opfer.

Diese geschönten Versionen der Firmengeschichten werden mit dem Untergang des real existierenden Sozialismus plötzlich durcheinandergebracht. Denn der fördert zutage, was bei Kriegsende zunächst über Jahrzehnte hinweg verschüttet blieb. In Moskau und Prag stehen die Archive offen, Ansprüche osteuropäischer Opfer prallen nicht länger am Eisernen Vorhang ab. Auf einmal tauchen in der zweiten Hälfte der 90er Jahre Fragen nach geraubtem Gold, unterschlagenen Versicherungspolicen, sogenannten nachrichtenlosen Bankkonten und dem Millionenheer von Zwangsarbeitern wieder auf.

Im November 1997 tagt in London eine internationale Raubgold-Konferenz. Sie bilanziert zunächst die Ergebnisse, die kurz zuvor zwei Kommissionen erzielt haben: Das eine Gremium hat US-Präsident Bill Clinton unter dem Vorsitz seines stellvertretenden Handelsministers Stuart Eizenstat eingesetzt, um den Fluß des von den Nationalsozialisten geraubten Goldes zu rekonstruieren. Dieser Frage widmete sich auch die zweite Kommission, eingesetzt von der Schweizer Regierung auf Beschluß des Bundesparlaments und gelenkt von Professor Jean-François Bergier. Doch diese zweite Expertengruppe interessierte sich auch dafür, wie das Gold den Kriegszielen des nationalsozialistischen Staates etwa im Hinblick auf den Erwerb von Rohstoffen während des Kriegs nutzte. Es zeigt sich: Die Nationalsozialisten gebrauchten die Schweiz während des Zweiten Weltkriegs als »Golddrehscheibe« und knüpften ein weites Handelsnetz zur Versorgung der deutschen Kriegswirtschaft mit Rohstoffen. Berlin ging es vor allem um Devisen, um im Ausland, etwa in Spanien oder in Portugal, Rohstoffe wie Chrom und Wolfram kaufen zu können. In Bern erhielten die Deutschen jene Devisen, die auch in den Kriegsjahren auf dem Weltmarkt nichts von ihrer Seriosität einbüßten – Franken. Die Reichsregierung machte die Schweiz zu ihrer Waschanlage für Raubgold. Allein 1943 beliefen sich die Goldeinfuhren aus Deutschland auf insgesamt 588,9 Millionen Schweizer Franken.[3] Als sich am Ende des 20. Jahrhunderts ein Geheimnis nach dem anderen um das überaus begehrte Gut lüftet, hat das Gold nach einer Beobachtung des Historikers Jonathan Steinberg »wie der Hort der Nibelungen von der allgemeinen Phantasie Besitz ergriffen und bündelt wie ein Magnet das Interesse an den Verbrechen der Nazis«.[4]

Die SS hatte einen Raubzug ungeheuren Ausmaßes durch ganz Europa organisiert. SS-Hauptsturmführer Bruno Melmer, von 1942 bis 1944 Leiter der »Amtkasse Hauptabteilung A/II/3«, dient den Industriemanagern als Kontaktperson für die geheimen Transaktionen während des Krieges: Melmer liefert das Raubgold aus den Vernichtungslagern zum Einschmelzen bei der Reichsbank ab. Dieses Vorgehen belegen Finanzexperten der US-Armee, gestützt auf 26 von Melmer verfaßte Hefte, bereits eine Woche nach dem Ende des Zweiten Weltkriegs. Sie legen eine Bilanz vor, in der sie den bis heute nicht detailliert bezifferbaren Umfang von 76 Melmer-Lieferungen hochrechnen auf einen Gesamtwert von 36,17 Millionen Reichsmark. Ein Drittel dieser Beute machten ausländische Banknoten aus, das Zahngold schätzten die Fachleute auf eine Summe in Höhe von 1,65 Millionen Reichsmark.[5] Dennoch, gibt der Historiker Steinberg in seinem 1999 veröffentlichten Bericht über Transaktionen der Deutschen Bank zu bedenken, dennoch bleiben die Zahlen über die Menge geraubten Goldes weitgehend ungenau: Bekannt sind nur die Angaben »aus den Büchern der Reichsbank über die dortigen Goldeingänge nach dem Einschmelzen des Goldes zu Barren«.[6] Die Schweizer Bergier-Kommission kommt zu dem Ergebnis, daß Melmer insgesamt 2577 Kilogramm Feingold an die Reichsbank geliefert hat. Neben der Deutschen beteiligte sich auch die Dresdner Bank an den Goldtransaktionen: »Auf die Dresdner Bank entfiel – ebenso wie auf die Deutsche Bank – ein überproportional hoher Anteil des von der Reichsbank abgegebenen Goldes aus dem Melmer-Bestand. Die Dresdner Bank erhielt mindestens 10,6, höchstens aber 12,6 Prozent dieses Bestandes.«[7] Für den Historiker Johannes Bähr, der den Goldhandel der Dresdner Bank am Hannah-Arendt-Institut untersuchte, »kann kein Zweifel daran bestehen, daß die Dresdner Bank wissentlich mit Beutegold aus den von Deutschland besetzten Ländern gehandelt hat«.[8] Das Geldinstitut bezog sein Gold zumeist von der Reichsbank, »Ankäufe in der Schweiz, der anderen möglichen Bezugsquelle, sind nur in geringem Umfang belegt«.[9] Die Dresdner Bank konzentrierte ihren Goldhandel auf die Türkei, die während des Kriegs eine Inflation erlebte, so daß »der Goldpreis hier erheblich höher (lag) als in Deutschland oder in der Schweiz«. Dresdner und Deutsche Bank nutzten dies »zu lukrativen Geschäften, indem sie Gold ankauften, um es zu einem sehr viel höheren Preis auf dem freien Markt in Istanbul gegen türkische Währung zu verkaufen«. Abgewickelt wurden diese Geschäfte über deutsche Diplomaten in Istanbul und Ankara. Im Hinblick auf Rohstoffe für die deutsche Rüstungsproduktion spielte die Türkei allerdings keine Rolle. Bähr verweist in diesem Zusammenhang die Geschichte vom Gold-Chromerz-Handel während des Krieges in den Bereich der Legende. In Wahrheit habe die Türkei für das Chromerz nicht Gold, sondern Waffen erhalten. Die Alliierten ziehen später in Deutschland verbliebenes Gold ein. Aber sie haben keinen Zugriff auf die während des Kriegs in die Türkei geschafften Bestände. Auf überaus kuriose Weise gelangt das Gold erst zwei Jahrzehnte später wieder in die Bundesrepublik. Ein Kurierdienst des Auswärtigen Amtes bringt 100 Kilogramm Barrengold und 20 000 Goldmünzen »unter Umgehung der türkischen Behörden (...) zunächst in fünf Sendungen auf dem Landweg nach Bonn. Die letzten zwölf Säcke wurden am 29. Mai 1965 unter Ausnutzung der Nato-Sonderrechte mit einer Bundeswehrmaschine ausgeflogen.«[10]

Die spät erhobenen Vorwürfe im Hinblick auf das Raubgold sorgen in den Vorstandsetagen der betroffenen Firmen für große Aufregung. Hektisch richten die Unternehmen Sonderstäbe ein, die sich dieses sensiblen Problems annehmen, um es »zu kommunizieren« und vor allem eines zu vermeiden: Die bei New Yorker Gerichten eingereichten Sammelklagen von Holocaust-Opfern, die sich inzwischen auch gegen Volkswagen, BMW, Daimler-Benz, Audi, MAN, Krupp, Henkel, Leica, Diehl und WMF richten, dürfen aus Sicht der Unternehmen auf gar keinen Fall dem eigenen Image weiteren Schaden zufügen und womöglich ehrgeizig geplanten Fusionen auf dem expansionsorientierten US-amerikanischen Markt im Wege stehen. Zu diesem Zeitpunkt laufen beispielsweise die Verhandlungen über eine Fusion der Deutschen Bank mit Bankers Trust in den USA. Für die betroffenen, zu den führenden deutschen Konzernen gehörenden Unternehmen zeichnet sich alsbald eine Maxime ab: Was auch immer aus den jetzt erhobenen Ansprüchen der Opfer werden sollte, nach diesen Forderungen müsse ein für allemal Schluß sein mit Wiedergutmachung, Restitution und Entschädigung. Den Managern geht es darum, völlig unterschiedliche Forderungen im Hinblick auf geraubtes Gold, unterschlagene Versicherungspolicen, verschwundene Konten, enteignete Immobilien und schließlich Zwangsarbeit zu bündeln, um ein größeres Paket gegen die Sammelklagen in die Waagschale werfen zu können und zugleich eine größtmögliche Reichweite der geforderten Rechtsgarantien zu schaffen. So zeichnet sich bald ab, daß im Zusammenhang mit Ansprüchen aus Zwangsarbeit gleichzeitig ultimativ über Forderungen wegen sogenannter Arisierungsgeschäfte gesprochen werden soll. Aus dieser Zeit stammt also die Idee, die sich später als fundamentaler Konstruktionsfehler des Entschädigungsfonds erweisen soll – einen Topf zu schaffen, in dem sämtliche noch bestehenden Ansprüche von NS-Opfern an deutsche Unternehmen zusammengefaßt werden. Ein großes Paket zu schnüren zielt darauf ab, den Geltungsbereich der angestrebten Rechtssicherheit gegen Klagen in den USA auszudehnen, um einzelne Sparten der deutschen Industrie am Ende nicht im Regen stehen zu lassen. Außerdem strebt diese Option auch an, die Opfer mit ihren so unterschiedlichen Ansprüchen in eine gegenseitige Konkurrenz bringen zu können, wenn es nach der Ausstattung eines Entschädigungsfonds um die Verteilung des Geldes geht.

Vom Londoner Schuldenabkommen zu »humanitärer Hilfe« – Entschädigung, Reparation, Wiedergutmachung

Was sich für die Opfer als Entschädigungsfonds darstellt, gibt die Industrie hartnäckig als »humanitäre Geste« an ihre ehemaligen Zwangsarbeiter aus. Von der Zahlung von Reparationen will sie seit Kriegsende partout nichts wissen und beharrt darauf, »historische Verantwortung« zu übernehmen – das aber habe mit einem Eingeständnis von Schuld überhaupt nichts zu tun. Eine Position, die seit dem Ende des Zweiten Weltkriegs auf das Selbstverständnis der deutschen Wirtschaft verweist: Für das in der Zeit des Nationalsozialismus begangene Unrecht hat allein der Staat aufzukommen.

Die Bundesrepublik Deutschland erkennt nach 1945 an, Rechtsnachfolgerin des untergegangenen Dritten Reiches zu sein. Somit ist das damalige Bonn die Adressatin für Forderungen im Zusammenhang mit im Krieg verursachten Schäden wie im Hinblick auf individuelle Ansprüche von Opfern des Nationalsozialismus.

Reparationen sind Leistungen für Schäden, die während eines Krieges entstanden sind, für die der Verursacher dieser Schäden aufkommen muß. Das Völkerrecht kennt diesen Tatbestand seit dem Ersten Weltkrieg. Anders als Restitutionen, die Ersatz für kriegsbedingte Schäden für Personen bezeichnen, werden Reparationen allein zwischen Staaten beansprucht und geleistet.

Über Forderungen auf Reparationszahlungen zeichnen sich bereits bei der Potsdamer Konferenz vom 17. Juli bis zum 2. August 1945 Konflikte zwischen den Alliierten ab. Deutlich zeigt sich bei dieser Zusammenkunft, daß sie mit dem Ende des Zweiten Weltkriegs die Substanz ihres Konsenses verloren haben – die Feindschaft zu Deutschland. Fortan tritt die Konkurrenz der unterschiedlichen politischen Systeme wieder in den Vordergrund und mündet schließlich in den kalten Krieg. Bei der Potsdamer

Konferenz, dem einzigen Gipfel mit den USA, der UdSSR und Großbritannien nach Kriegsende, dringt Moskau darauf, eine Summe für die vom besiegten Deutschland zu leistenden Reparationen festzusetzen. Washington will dies vermeiden. Bereits in der Alliierten Reparationskommission, die im Anschluß an die Konferenz von Jalta im Februar 1945 in Moskau zusammengekommen ist, hatte der sowjetische Vertreter verlangt, von Deutschland Reparationen in Höhe von 20 Milliarden Dollar zu fordern, von denen »mindestens 50 Prozent« an die Sowjetunion zu entrichten seien. Doch auch die Briten setzen sich wie die Vereinigten Staaten in Potsdam dafür ein, bei den Forderungen an Deutschland maßzuhalten. Schon zu diesem Zeitpunkt zeichnet sich ab, daß die Überlegungen der westlichen Alliierten vor allem durch die wachsende Sorge über eine erstarkende Sowjetunion geleitet werden. Die geopolitische Lage macht Deutschland zu einem wichtigen künftigen Bündnispartner für den Westen.

Die Parteien verständigen sich in Potsdam auf die Entnahme von Wirtschaftsgütern und Industrieanlagen aus den jeweiligen Zonen. Über den Umfang der gleich nach Abschluß der Gespräche einsetzenden Demontagen gibt es heute keine verläßlichen Zahlen. Die in Brüssel ansässige Interalliierte Reparationsagentur, bei der die Abrechnungen zusammenlaufen, verbucht auf der Grundlage des Wertes von 1938 für die Jahre zwischen 1946 und 1949 Reparationsleistungen von insgesamt 507 Millionen Reichsmark, Berechnungen von deutscher Seite liegen allerdings »beim Drei- bis Vierfachen«.[11] Wesentlich umfangreicher bedient sich die Sowjetunion in den ersten Nachkriegsjahren, westliche Berechnungen gehen von mindestens 14 Milliarden Dollar aus. Mit dem Petersberger Abkommen vom 22. November 1949, in dem die Alliierten und die Westdeutschen beschwören, »ihre Beziehungen auf der Grundlage gegenseitigen Vertrauens fortschreitend zu entwickeln«, sagen die Hohen Kommissare Bundeskanzler Konrad Adenauer das baldige Ende der Demontagen zu.

Über die Entnahmen hinaus schreiben die Kriegsgewinner in Potsdam Maximen fest, die sich aus den Erfahrungen der Weimarer Republik nähren: Den Deutschen soll ein mittlerer Lebensstandard zugestanden und zugleich die Möglichkeit geschaffen werden, das Land weitgehend ohne Hilfe von außen wieder aufzubauen. Schließlich hatten die ökonomischen Probleme der Weimarer Jahre entscheidend zu Hitlers Aufstieg beigetragen.

Zugleich hatten die US-Amerikaner in den 20er Jahren mit umfangreichen Krediten an die deutsche Reichsregierung quasi die nach dem Ersten Weltkrieg beanspruchten Reparationszahlungen an Frankreich mitfinanziert. Die Alliierten wollen in Potsdam unbedingt vermeiden, politische Festschreibungen im Hinblick auf die künftige Wirtschaftsform zu machen. Sie konzentrieren sich vielmehr auf ein »Programm der industriellen Abrüstung und Entmilitarisierung« sowie Reparationsforderungen.

Eine weitere Variante von Schadensersatz bezeichnen die Deutschen nach dem Zweiten Weltkrieg als Wiedergutmachung. Sie bemühen sich damit darum, einen Begriff zu finden, der sich gegen Entschädigungs- und Reparationsleistungen abgrenzen läßt. Denn Entschädigungen wie Reparationen setzten einen Friedensvertrag voraus. Einen Friedensvertrag aber schließen die Alliierten und beide deutsche Staaten de facto erst mit dem Zwei-plus-Vier-Vertrag 1990, der die Vereinigung der Bundesrepublik mit der DDR besiegelt und bilaterale Beziehungen im Grundsatz skizziert. Gleichwohl nimmt das am 27. Februar 1953 in London unterzeichnete Schuldenabkommen, das Deutschland pauschal zur Zahlung von Kriegsschulden in Höhe von 7,3 Milliarden Mark verpflichtet, immer wieder Bezug auf einen künftigen Friedensvertrag: »Eine Prüfung der aus dem Zweiten Weltkrieg herrührenden Forderungen von Staaten, die sich mit Deutschland im Kriegszustand befanden oder deren Gebiet von Deutschland besetzt war, und von Staatsangehörigen dieser Staaten gegen das Reich und im Auftrage des Reichs handelnde Stellen oder Personen, einschließlich der Kosten der deutschen Besatzung, der während der Besetzung auf Verrechnungskonten erworbenen Guthaben sowie der Forderungen gegen die Reichskreditkassen«, heißt es in Artikel 5 Absatz 2, »wird bis zur endgültigen Regelung der Reparationsfrage zurückgestellt.« Von Zwangsarbeit ist in diesem Zusammenhang überhaupt keine Rede.

Aber nicht nur diese Opfer blendet das Abkommen aus. Die Bundesregierung denkt gar nicht daran, auf der Grundlage dieses Kontraktes andere NS-Verfolgte zu zahlen, wenn sie denn nicht in Deutschland leben. Bonn will ausländische Opfer grundsätzlich von sämtlichen Forderungen ausschließen. Das Bundesentschädigungsgesetz von 1953, zwölf Jahre später mit dem Schlußgesetz noch einmal novelliert, läßt Ansprüche bis spätestens zum Jahr 1969 zu. Aber Paragraph 4 schreibt fest: »Anspruch auf

Entschädigung besteht, (...) wenn der Verfolgte (...) am 31. Dezember 1952 seinen Wohnsitz oder dauernden Aufenthalt im Geltungsbereich dieses Gesetzes gehabt hat (...).« Die Westeuropäer, die der Londoner Schuldenkonferenz beiwohnen, wollen das nicht hinnehmen. Die Regierung Adenauer schließt auf deren massiven Druck hin mit diesen Ländern schließlich Globalabkommen ab. Doch auch diese Kontrakte, ausgestattet mit insgesamt knapp einer Milliarde Mark, sahen Leistungen an ehemalige Zwangsarbeiter nicht vor.

Das bundesdeutsche Entschädigungsrecht unterscheidet bei Ansprüchen aus früherer Zwangsarbeit zwischen Inhaftierung und entgangenem Lohn. Während Opfer mit Schädigungen durch die Haftbedingungen und die hygienischen Verhältnisse durchaus mit Zahlungen rechnen können, so sie denn nach dem Krieg nicht nach Osteuropa zurückkehrten, bleiben Lohnforderungen grundsätzlich ausgeklammert. Zusätzlich rückversichert sich der Gesetzgeber mit einer sogenannten Diplomatenklausel, um den Kreis der Anspruchsberechtigten möglichst klein zu halten und den außenpolitischen Interessen der USA in Zeiten der systematischen Blockbildung Rechnung zu tragen – unterhält die Bundesrepublik zur Zeit der Antragsfristen nach dem Bundesentschädigungsgesetz keine diplomatischen Beziehungen zu den Ländern, in denen nach Kriegsende Opfer lebten, bleiben entsprechende Zahlungen von vornherein ausgeschlossen. Betroffen davon sind die Osteuropäer. Wenden die sich dennoch an deutsche Gerichte oder Unternehmen, kommen sie über Jahrzehnte hinweg wahlweise zu früh oder zu spät: zu früh, weil die Gerichte sie auf endgültige Regelungen über Entschädigungszahlungen in einem nach wie vor ausstehenden Friedensvertrag verweisen, zu spät, weil die Firmen die Ansicht vertreten, Forderungen nach entgangenem Lohn seien mittlerweile verjährt.

Dennoch gibt es Ausnahmen. In seltenen Fällen schafft es die »Conference on Jewish Material Claims against Germany«, ein 1951 geschaffener Zusammenschluß von 23 nationalen und internationalen jüdischen Organisationen, Forderungen ehemaliger Zwangsarbeiter durchzusetzen.[12] Das aber gelingt stets nur außerhalb der Gerichtssäle: Erheben diese Opfer über die Claims Conference Ansprüche gegen deutsche Unternehmen, delegieren Richter die Suche nach einem Kompromiß zurück an die streitenden

Parteien. Präjudizien, die mit einem Urteil womöglich geschaffen werden können, sollen auf jeden Fall vermieden werden.

Zwangsarbeit an sich spielt bis weit in die 90er Jahre hinein im Entschädigungsrecht keine Rolle. So orientiert sich der Artikel-II-Fonds, benannt nach einem Zusatz zum Zwei-plus-Vier-Vertrag, ausschließlich am Kriterium der Haft: Mit monatlichen Zahlungen in Höhe von 500 Mark aus diesem Topf können ehemalige Häftlinge aus Konzentrationslagern und Ghettos rechnen. Seit 1990 gilt diese Regelung für jüdische Opfer, die zu diesem Zeitpunkt in der westlichen Welt leben. Osteuropäern steht erst seit 1998 das Recht zu, 250 Mark pro Monat zu beanspruchen. Auch sie bleiben ohne Rechtsansprüche, wenn sie zur Arbeit in Rüstungsunternehmen oder auf Bauernhöfen gezwungen wurden – es zählt allein die Zeit in einem Lager.

Die Konzentrationslager spielten in den Überlegungen der SS für eine Ausweitung der Kriegsproduktion jedoch nur anfänglich eine entscheidende Rolle. Himmler hatte vor, die Waffenherstellung unter SS-Regie in die Lager zu verlagern. Die »Inspektion der Konzentrationslager« übernahm von 1942 an das SS-Wirtschafts-Verwaltungshauptamt, an dessen Spitze Oswald Pohl stand. Doch das Konzept scheiterte an der Konkurrenz zwischen verschiedenen Bürokratien des NS-Staates. Im September 1942 reagierte die SS: Von nun an sollten KZ-Häftlinge als Arbeitskräfte an die Industrie vermietet werden.

Alle KZ-Häftlinge waren Zwangsarbeiter, aber nicht alle Zwangsarbeiter auch Insassen eines Konzentrationslagers. Zwangsarbeiter bilden keine homogene Opfergruppe. Wichtig ist auch die Unterscheidung im Hinblick auf zwei große Gruppen: Die Kriegsgefangenen, die grundsätzlich keine Ansprüche auf Entschädigung geltend machen können, und die ausländischen Zivilarbeiter – Menschen, ins Reich verschleppt und zur Arbeit in Privathaushalten und Rüstungsbetrieben gezwungen. Menschen, die in den 50er Jahren allenfalls als Haushaltshilfen oder Kindermädchen in der Erinnerung der Deutschen einen Platz fanden.

»Unsere moralische Ehrenpflicht«: Adenauer trifft Goldmann

Konrad Adenauer duldet Anfang 1953 keinen längeren Aufschub in dieser Sache. Das Kabinett solle das jetzt endlich auf den Weg bringen, drängt der CDU-Politiker. Am Tag vor der Ministerrunde am 13. März wendet sich der Kanzler an seinen Finanzminister, den CSU-Politiker Fritz Schäffer. Ihn fordert Adenauer in einem persönlichen Brief unmißverständlich auf: »Ich (...) bitte Sie, keine Schwierigkeiten in der morgigen Kabinettssitzung zu machen.«[13] Adenauer kennt schließlich seinen Finanzminister: Schäffer – nicht zuletzt besorgt um die nach Kriegsende orientierungslosen Wähler, die den Untergang des Nationalsozialismus alles andere als verwunden haben – hat erhebliche Bedenken gegen ein Abkommen mit dem jungen Staat Israel, dem Bonn sogenannte Wiedergutmachungszahlungen zusagt. Es sieht vor, daß Israel drei Milliarden Mark erhält, 450 Millionen Mark sollen an die Jewish Claims Conference fließen. Die Summe ist von der Bundesrepublik und der DDR gemeinsam aufzubringen und im Verhältnis zwei Drittel zu einem Drittel zu zahlen. Das, so meint Bundesfinanzminister Schäffer, sei erstens zuviel Geld und schade zweitens den Beziehungen der Deutschen zu den arabischen Staaten.

Einwände, die nicht allein Schäffer dem Kanzler entgegenhält. Adenauer sieht sich vielmehr im Bundestag einer breiten Front von Gegnern des wenige Monate zuvor getroffenen Abkommens gegenüber. FDP, DP und CSU klagen darüber, daß der Kanzler die Verhandlungen im Alleingang und unseriös geführt habe. Sie bezeichnen die Höhe der zugesagten Leistungen als völlig unverantwortlich. In der Debatte des Bundestags über das entsprechende Gesetz am 18. März 1953 macht der Abgeordnete Hans-Joachim von Merkatz deutlich: »Wir vermissen noch jedes echte Zeichen für die Bereitschaft, das in Deutschland, in Europa und in der Welt vor allen an den Vertriebenen begangene Unrecht, das auf die gleiche totalitäre Entartung staatlicher Macht zurückzuführen ist, mit gleicher Einsicht, Verantwortung, internationaler Ehrenhaftigkeit und solidarischer Haftung wiedergutzumachen; und Recht und Gerechtigkeit sind unteilbar und haben absolute Geltung.«[14]

Dagegen bringen den KPD-Abgeordneten Oskar Müller (Frankfurt) ganz andere Erwägungen dazu, für seine Partei die Ablehnung des Gesetzes zu begründen: »Unter dem Namen der Wiedergutmachung erhalten also die Industriellen Israels aus Westdeutschland alles, was sie zum Ausbau ihrer Grundindustrien benötigen. Die Tatsachen beweisen, daß dieses Abkommen mit einer Wiedergutmachung auch nicht das geringste zu tun hat.«[15] Nur mit Hilfe der Sozialdemokraten nimmt das Gesetz doch noch die parlamentarische Hürde, denn 89 Abgeordnete von Adenauers Regierungskoalition enthalten sich bei der Abstimmung im Bundestag.

Adenauer zeigt sich von den immer wieder erhobenen Bedenken seiner Koalition unbeeindruckt. Er merkt frühzeitig, daß er dieses Thema ohne viel öffentliches Aufsehen angehen muß. Adenauer setzt Anfang der 50er Jahre gleichzeitig auf zwei Gleise: Sein gegen die Bedenken Schäffers vom Kanzler selbst durchgesetzter Intimus Hermann Josef Abs verhandelt bei der Londoner Schuldenkonferenz über die Auslandsschulden der Bundesrepublik Deutschland als Rechtsnachfolgerin des sogenannten Dritten Reiches. Adenauer machte seine Auffassung dazu mit Blick auf die politische Legitimation in einem geteilten Deutschland in einem Gespräch mit dem US-amerikanischen Hohen Kommissar John J. McCloy bereits am 26. Oktober 1949 deutlich: Die Bundesrepublik, unterstrich der Regierungschef, »die kraft der Souveränität des deutschen Volkes gebildet worden ist, (ist) die alleinige legitimierte staatliche Organisation des deutschen Volkes. Damit ist sie die ausschließliche Trägerin der Rechte des früheren Deutschen Reiches. Die Bundesregierung legt Wert darauf, schon jetzt zum Ausdruck zu bringen, daß ihr bei einer Freigabe des Vermögens des ehemaligen Deutschen Reiches im Auslande alle Rechte an diesen Vermögenswerten zustehen.«[16]

Zugleich sucht der CDU-Politiker selbst Kontakt zum World Jewish Congress, um über ein bilaterales Abkommen mit Israel zu sprechen. Seine grundsätzliche Haltung dazu macht Adenauer in einer Regierungserklärung zur »Haltung der Bundesrepublik gegenüber den Juden« am 27. September 1951 im Bundestag deutlich. Der Kanzler glaubt zwar, daß »das deutsche Volk in seiner überwiegenden Mehrheit die an den Juden begangenen Verbrechen verabscheut und sich an ihnen nicht beteiligt (hat)«. Aber er setzt hinzu: »Im Namen des deutschen Volkes sind unsagbare Verbrechen begangen worden, die zur moralischen und materiellen Wiedergutmachung verpflichten, sowohl hinsichtlich der individuellen Schäden, die

Juden erlitten haben, als auch des jüdischen Eigentums, für das heute individuell Berechtigte nicht mehr vorhanden sind.« Wiedergutmachung und Restitution, beides gehört für Adenauer unmittelbar zusammen. In einer Unterredung mit Bundespräsident Theodor Heuss unterstreicht er das: Der Bundeskanzler, so heißt es im Gesprächsprotokoll vom 28. April 1952, »habe Goldmann auch mit dem Leiter der Londoner Schuldenkonferenz, Abs, zusammengebracht und hoffe auf eine Einsicht Israels, daß die Haager und Londoner Verhandlungen koordiniert werden müßten«.[17]

Der Präsident des World Jewish Congress, Nahum Goldmann, zugleich Präsident der Conference on Jewish Material Claims against Germany, lehnt zunächst jedes öffentliche Gespräch mit dem deutschen Kanzler ab, weil es weiten Teilen der israelischen Öffentlichkeit als völlig undenkbar erscheint, aus dem Land der Täter Geld und Waren – es sei denn als Reparationen deklariert – anzunehmen. »Von Anfang an«, vermerkt Raul Hilberg in dem Zusammenhang, »forderten die Juden nur drei Dinge: Sie bestanden auf der Rückerstattung des gesamten arisierten und beschlagnahmten jüdischen Vermögens; sie verlangten eine Entschädigung für Überlebende, die Schaden und Unbill erlitten hatten; und sie beanspruchten Wiedergutmachungsleistungen für die Eingliederung der DP (Displaced Persons, d. Verf.). Bei all diesen Forderungen beschränkten sich die Juden auf die Bedürfnisse der Opfer, die noch am Leben waren.«[18]

Im Grunde sieht sich Goldmann mit einer ähnlichen Situation wie der deutsche Regierungschef konfrontiert: Beide fürchten einen Aufschrei in der Bevölkerung. Da offizielle Konsultationen bislang unmöglich erscheinen, suchen Goldmann und Adenauer einen anderen Weg für ein Zusammentreffen. Am 6. Dezember 1951 kommen beide in London im Hotel Claridge's zusammen, in dem Adenauer untergebracht ist. Goldmann benutzt die Hintertreppe, um den Bundeskanzler aufzusuchen. Die beiden Männer sprechen eine Stunde miteinander. Anschließend, notiert der Adenauer-Biograph Hans Peter Schwarz, trifft der deutsche Regierungschef »eine der großen einsamen Entscheidungen seiner Kanzlerschaft«. Dabei geht es um die Frage, ob Bonn die geforderten 1,5 Milliarden Mark als Basis künftiger Gespräche über Wiedergutmachungsleistungen überhaupt akzeptieren wird. Adenauer bittet Goldmann, in einem seiner Sekretärin diktierten Brief eine Formulierung zu dieser Frage vorzuschlagen. In dem Schreiben, das der Kanzler später am Nachmittag schließlich Goldmann übermitteln läßt, legt sich Adenauer fest: »Die Bundesregierung ist bereit, bei diesen Verhandlungen die Ansprüche, die die Regierung des Staates Israel in ihrer Note vom 12. März 1951 gestellt hat, zur Grundlage der Besprechungen zu machen.«[19] Denn für den Kanzler steht trotz der innenpolitischen Schwierigkeiten außer Frage: Die Wiedergutmachung ist »eine Ehrenpflicht des deutschen Volkes« – einer Schicksalsgemeinschaft.

Das sehen die SED-Oberen im anderen Teil des Landes ganz anders. Mit den Befehlen der Sowjetischen Militäradministration von 1945 und 1948 steht für sie außer Frage – das Volkseigentum ist unantastbar. Restitution ausgeschlossen. 1974 bemüht sich Goldmann zwar noch einmal um einen Gesprächstermin bei Honecker, aber die Sache verzögert sich immer wieder. Erst kurz vor dem Zusammenbruch der DDR setzt der SED-Chef auf bessere Beziehungen zu den USA. Dabei geht es um Devisen. Für die Meistbegünstigungsklausel buhlt Ostberlin um die Sympathien Washingtons, stellt gar Entschädigungszahlungen in Aussicht und saniert die Alte Synagoge im Ostberliner Scheunenviertel aufwendig. Doch es ist zu spät.

Eizenstat auf dem Weg ins 21. Jahrhundert

Um sich am Ende des 20. Jahrhunderts »der Hindernisse auf dem Weg ins 21. Jahrhundert zu entledigen«, lädt Anfang Dezember 1998 der stellvertretende US-Handelsminister Stuart Eizenstat zu einer internationalen Konferenz in Washington ein, auf der es um die von den Nationalsozialisten während des Zweiten Weltkriegs geraubten Kunstgüter gehen soll.[20] Die USA haben sich das Ziel gesteckt, bis zum Ende des Jahres 1999 sämtliche Problemfelder im Zusammenhang mit noch offenen Restitutionsansprüchen für die Zeit des Nationalsozialismus zu bearbeiten. Nach der Goldkonferenz Ende 1997 handelte der ehemalige US-Außenminister Lawrence Eagleburger mit sieben führenden europäischen Versicherungskonzernen die Schaffung eines Hilfsfonds aus; ein Jahr später verabredeten in der US-Bundeshauptstadt die Delegationen aus 44 Staaten, innerhalb von zwölf Monaten die Ansprüche im Hinblick auf Raubkunst, vor allem Bilder, zu erledigen: Sie wollten sich eine Übersicht verschaffen über die

Bilder, die Truppen des NS-Staates wahlweise für sich selbst verscherbelt hatten oder – wie die »Division Hermann Göring« – ihrem Befehlshaber, »dem Reichsmarschall«, zum Geburtstag schenkten. Seitdem hing Tizians »Danae« im Schlafzimmer von Görings »Herrensitz Karinhall«.

Bei dieser Washingtoner Konferenz taten US-Amerikaner und Bundesdeutsche alles, um ein Thema nicht auf die Tagesordnung kommen zu lassen, was die Vertreter der Ukraine und Weißrußlands gern dort gesehen hätten – die Ansprüche ehemaliger Zwangsarbeiter. Wenige Tage vor dem Treffen steckt das Kabinett des Sozialdemokraten Gerhard Schröder die Prinzipien ab: Wie es bereits die Bundesregierung von Helmut Kohl in einem früheren Verfahren gegen den in München ansässigen Versicherungskonzern Allianz getan hatte, so wollte es künftig auch Schröder halten – und sich für die betroffenen deutschen Konzerne bei den US-Gerichten einsetzen.[21]

Das Zauberwort heißt »amicus curiae« – Freund des Gerichts. Dieses US-amerikanische Rechtsinstrument ermöglicht es Dritten, sich mit ihrer Ansicht in ein laufendes Verfahren einzuschalten. Die Bundesregierung will auf den Prozeß Einfluß nehmen, um die Klagen gegen weitere deutsche Unternehmen abzuwenden, zumindest aber wie bereits im Fall Allianz einen außergerichtlichen Weg zum Kompromiß zu finden. Berlin versucht, Eindruck auf das Gericht zu machen: Der im Auswärtigen Amt, inzwischen geleitet von dem Bündnisgrünen Joschka Fischer, aufgesetzte »Amicus curiae«-Brief listet für das jüngste Verfahren etwa gegen DegussaHüls konsequent auf, was von seiten bundesrepublikanischer Regierungen seit 1945 an sogenannten Wiedergutmachungsleistungen an Opfer des Holocaust gezahlt worden ist – insgesamt mehr als 100 Milliarden Mark. Der Verweis auf diese Leistungen zieht sich wie ein roter Faden durch die späteren Verhandlungen. Während der Gespräche über einen Entschädigungsfonds für ehemalige Zwangsarbeiter werden deutsche Behördenvertreter darauf immer wieder Bezug nehmen. In einer Anlage zum Regierungsabkommen zwischen der Bundesrepublik Deutschland und den USA über rechtliche Garantien in den USA gegen Sammelklagen erfolgt ein expliziter Verweis auf die Höhe dieser bisherigen Zahlungen, um die Anstrengungen der Bundesrepublik zu würdigen.

Das Engagement macht noch einmal schlaglichtartig deutlich, wie gänzlich unterschiedlich Verantwortung auf seiten des Staates und auf seiten der deutschen Wirtschaft nach dem Ende des Zweiten Weltkriegs begriffen worden ist: Während sich die Bundesrepublik als Rechtsnachfolgerin des untergegangenen Dritten Reiches verstand, hatte die Wirtschaft zumindest für sich selbst mit historischen Kontinuitäten radikal gebrochen. In kaum einer Firmenchronik fanden sich Bezüge zur Zeit des Nationalsozialismus, und in keiner ließ sich ein Wort etwa zur Kooperation zwischen sämtlichen Firmen der Baubranche und der berüchtigten Organisation Todt entdecken. Die Organisation Todt, benannt nach dem Generalinspekteur für das deutsche Straßenwesen und Generalbevollmächtigten für die Regelung der Bauwirtschaft, Fritz Todt, kümmerte sich vor allem um den Bau militärischer Anlagen und verfügte dafür über ein großes Potential von Arbeitskräften.

Erst 1999 nahm sich beispielsweise der frühere Primus der Baubranche, Philipp Holzmann, seiner Geschichte an: Im Auftrag des Unternehmens untersuchte der Historiker Manfred Pohl auch die Beteiligung von Holzmann mit seinen zahlreichen Zwangsarbeitern am Bau des Westwalls. Zwar lasse sich nicht konkret beziffern, wie viele Zwangsarbeiter Holzmann während des Krieges hatte, merkt Pohl an. Eines aber stehe fest – 43 Prozent der Belegschaft waren Ende 1941 Ausländer, unter ihnen Zivilarbeiter, Kriegsgefangene und später auch Häftlinge aus Konzentrationslagern.[22]

Für sämtliche im Zusammenhang mit ehemaligen Zwangsarbeitern auftretende Fragen sei der Staat verantwortlich, heißt es unisono aus den Kommunikationsabteilungen deutscher Unternehmen bis in den Februar des Jahres 1999 hinein. Der Baukonzern Philipp Holzmann ist dafür ein Beispiel: Bereits in den 50er Jahren konfrontiert mit Klagen ehemaliger Zwangsarbeiter, entwarfen die Manager Pohl zufolge »eine eigene Argumentation«, die mit leichten Variationen bis zum Ende der 90er Jahre verwendet worden sei: Der Konzern erklärte sich für Ansprüche nicht zuständig, weil das Unternehmen Teil einer staatlich organisierten Kriegswirtschaft gewesen sei. Rechtsnachfolgerin des untergegangenen Staates aber sei eben die Bundesrepublik.

Adenauers Enkel schiebt einen Riegel vor

Fünf Tage nach dem Fall der Berliner Mauer, Mitte November 1989, weilt Bundeskanzler Helmut Kohl in Warschau. Dort kommt er für anderthalb Stunden mit Ministerpräsident Tadeusz Mazowiecki zusammen. Beide Politiker widmen sich zunächst Polens Perspektiven im Zusammenhang mit der Europäischen Union, um alsbald zu den drei thematischen Komplexen zu gelangen, die in späteren Verhandlungen über eine Vereinigung der beiden deutschen Staaten für sämtliche osteuropäischen Regierungen von dominierender Bedeutung werden sollen: Es geht um die Fragen der künftigen Grenzziehung, der Umschuldung und schließlich der offenen Rechnungen im Zusammenhang mit nationalsozialistischem Unrecht – um die Wiedergutmachung, zumindest für den Osten Deutschlands um Ansprüche auf Restitutionen und um Forderungen ehemaliger polnischer Zwangsarbeiter, die nach dem Zweiten Weltkrieg in ihre Heimat zurückkehrten.

Mazowiecki geht bereits an diesem 14. November 1989 auf das heikle Thema ein, noch zwei Wochen bevor Kohl im Bundestag seinen »Zehn-Punkte-Plan« auf dem Weg zu einem vereinten Deutschland vortragen wird. Der polnische Ministerpräsident nimmt laut Protokoll Bezug »auf ein Gespräch des Bundeskanzlers mit Staatspräsident Jaruzelski, wo dieser das Thema angesprochen und der Bundeskanzler es nicht abgelehnt habe, darüber zu reden. In der Tat müsse man nach einem Weg, nach einer Lösung suchen. Er frage sich, an welchen Schritt man denken könne, um die Sache in Gang zu bringen: An eine Stiftung? An einen Ausschuß, der das Gesamtproblem aufarbeite?« Kohl hält dem entgegen, daß dies »eine außerordentlich schwierige Frage sei, weil es Rechtspositionen gebe: Polen habe auf Reparationen bereits 1950 verzichtet und dies uns gegenüber bekräftigt. Dann sei beim Sozialversicherungsabkommen wieder darüber gesprochen worden.« 1953 hatte Moskau den Verzicht auf weitere Reparationen aus der Sowjetischen Besatzungszone erklärt und das Einverständnis der von diesen Leistungen betroffenen Volksrepublik Polen implizit vorausgesetzt. Die Bundesrepublik verstand das so: Polen und die Sowjetunion erheben nicht länger Reparationsforderungen gegen das gesamte Deutschland, individuelle Ansprüche inklusive. Fortan bezog sich Bonn immer wieder auf diese Behauptung: Forderungen seien deshalb obsolet, weil das Londoner Schuldenabkommen bis zum Zustandekommen eines Friedensvertrages diese Frage zurückgestellt habe. Zugleich hätten Warschau und Moskau inzwischen ihren Verzicht erklärt.

Kohl macht Mazowiecki überaus deutlich, daß er es auf jeden Fall verhindern möchte, daß dieses Thema auf die Tagesordnung künftiger Verhandlungen gelangt: »Zu bedenken sei auch, daß die Bundesrepublik bis Ende dieses Jahres rd. 100 Mrd. Mark an Wiedergutmachungszahlungen geleistet haben werde«, unterstreicht der Bundeskanzler. »Angesichts der bestehenden Rechtspositionen müsse man, wenn man mit Polen etwas tue, auch an die Präzedenzwirkung für mindestens ein halbes Dutzend weiterer Länder denken.«[23]

Fünf Monate später skizziert Kohl die Positionen Bonns für die Mitte 1990 anstehenden Zwei-plus-Vier-Verhandlungen bereits deutlicher. In einem Gespräch mit dem britischen Außenminister William Hurd äußert er seine Hoffnung, die Verhandlungen »bis Ende des Jahres« abschließen zu können. Der Kanzler geht auf die Einbindung der Sowjetunion in das westliche Militärbündnis, auf die Anerkennung der polnischen Westgrenze und auf die Geste des tschechischen Präsidenten Vaclav Havel an die Sudetendeutschen ein. In diesem Zusammenhang weist Kohl erneut auf die geleisteten Zahlungen auch an polnische Opfer des Nationalsozialismus hin, die »die kommunistische Regierung in Polen (...) allerdings nicht in voller Höhe an die Betroffenen weitergeleitet habe«.[24] Schlußendlich macht der Kanzler Hurd seine Sorgen deutlich. Auf gar keinen Fall wolle er jetzt eine Debatte über Reparationsleistungen führen, hebt der Bundeskanzler hervor: »Die Israelis hätten bereits erklärt, daß wir jetzt für ihre Wiedergutmachungsforderungen an die DDR geradestehen müßten. (...) Wenn man die extreme Rechte in der Bundesrepublik Deutschland stärken wolle, müsse man nur in dieser Frage nachgeben. Im übrigen sei es ja bezeichnend, daß die Linke das Thema in dieser Absicht spiele. Er sehe eine Chance, sich mit Polen zu einigen, sei aber nicht bereit, jeden Preis zu zahlen«, läßt Kohl den britischen Außenminister wissen: »Auch Deutschland habe eine Würde und er selber auch.«[25]

Kohl bekräftigt seine Haltung auch im Gespräch mit US-Präsident George Bush: »Allerdings sehe er ein anderes Problem, das die Polen, aber auch andere aufbringen könnten: Reparationen. Dies sei für ihn inakzeptabel. (...) Nun könne man nicht 50 Jahre nach dem Krieg noch einmal mit Reparationen anfangen.«[26] Bush aber gibt dem Bundeskanzler zu verstehen, daß Washington an diesem Punkt eine flexiblere Position der Bundesregierung erwarte. Während des kalten Krieges hatten die USA überhaupt kein Interesse daran, daß auch nur eine Mark hinter den Eisernen Vorhang floß. Jetzt aber sieht sich Washington wieder in einer ähnlichen Rolle wie 1945 – Amerika steht auf der Seite der Opfer. Bush macht aus seinen Erwartungen an Bonn keinen Hehl: Er sei schon daran interessiert, läßt er Kohl wissen, daß sich die Bundesregierung nicht als knickerig erweise, wenn es um die Rückerstattung von jüdischem Besitz in Ostdeutschland gehe, den die Nationalsozialisten und ihre Getreuen zunächst geraubt und die Realsozialisten schließlich zur Grundlage ihres Volksvermögens gemacht haben.

Kohl sieht sich in dieser Situation mit einer Gemengelage überaus unterschiedlicher Interessen konfrontiert: Während es dem Westen vor allem darum geht, ein vereinigtes Deutschland militärisch im Rahmen der Nato und wirtschaftlich eingebunden in die Europäische Union zu bändigen, verbinden die Osteuropäer mit den Unterredungen vor den Zwei-plus-Vier-Verhandlungen ihre Ziele auf Umschuldungen und Reparationen. Wie die Bundesregierung mit diesem Problem umzugehen beabsichtigt, macht eine Vorlage des Kohl-Vertrauten im Bundeskanzleramt, Horst Teltschik, vom 15. März 1990 deutlich, in der dieser die völkerrechtliche Position in Leitlinien skizziert: Auf »vertragliche Verpflichtungen zur allgemeinen Reparationsleistung für Schäden im Zusammenhang mit dem 2. Weltkrieg sind wir bisher nie eingegangen«, denn das Londoner Schuldenabkommen habe festgeschrieben, daß entsprechende Forderungen bis zu einer endgültigen Regelung der Reparationsfrage zurückgestellt sind. Daraus folgert Teltschik: »Ein Anspruch unserer ehemaligen Kriegsgegner auf Reparationsleistungen könnte erst aufgrund von Verpflichtungen entstehen, die wir im Rahmen eines friedensvertraglichen oder sonstigen, die Reparationsfrage regelnden Abkommens eingehen. Die Übernahme solcher Verpflichtungen wollen wir unter allen Umständen vermeiden.« Der Berater leitet daraus die politische Vorgabe für die späteren Verhandlungen ab: »Die Bundesregierung wie auch die Regierung eines künftigen vereinten Deutschlands haben ein vorrangiges Interesse, sich jeder Forderung nach Abschluß eines Friedensvertrags zu widersetzen.«[27] Eine Maxime, die auch in den zehn Jahre später geführten Verhandlungen über Entschädigungszahlungen an ehemalige Zwangsarbeiter eine wichtige Rolle spielt, als die US-Amerikaner Reparationsforderungen früherer Kriegsgefangener ins Spiel bringen.[28]

Am Ende der Zwei-plus-Vier-Verhandlungen, das die beteiligten Parteien am 12. September 1990 mit der Unterzeichnung des »Vertrages über die abschließende Regelung in bezug auf Deutschland« erreichen,[29] gesteht schließlich die Bundesregierung auch den nicht mit am Tisch sitzenden osteuropäischen Parteien zu, was der polnische Ministerpräsident Mazowiecki bereits in einem der ersten Gespräche mit Kohl als eine Variante für einen Kompromiß in der Reparationsfrage bezeichnet hat: In Warschau, Prag, Kiew und Moskau entstehen sogenannte Versöhnungsstiftungen, die Zahlungen aus der Bundesrepublik an hilfsbedürftige Opfer weiterleiten sollen. Sie erhalten jeweils 400 Millionen Mark, die sie mit weitgehend freier Hand an die Menschen bringen sollen, die unter den Nationalsozialisten gelitten hatten. Einmalige Zahlungen, wohlgemerkt, und – ausdrücklich keine Reparationen, sondern humanitäre Hilfe.

Karlsruher Richter nähren die Hoffnungen der Opfer

»Nach umfangreichen Transferleistungen«, darauf weist das Bundesfinanzministerium 1996 bereits im Bundestag wie auch die deutsche Delegation bei den späteren Verhandlungen über den Entschädigungsfonds für ehemalige Zwangsarbeiter immer wieder hin, nach diesen Leistungen also »hat die Reparationsfrage ihre Berechtigung verloren«. Bereits 1973 sei diese Überlegung in der sogenannten Brioni-Formel aufgegriffen worden: Offene Fragen im Hinblick auf den Zweiten Weltkrieg sollten zwischen den Parteien perspektivisch auf dem Weg der Zusammenarbeit behandelt werden. Das sollte heißen: Jegliche weiteren Entschädigungsforderungen für NS-Unrecht müßten hinter den gutnachbarschaftlichen Beziehungen zurücktreten, gezahlt werde allenfalls Aufbauhilfe, nicht aber Wiedergutmachung. In der Sprache der Diplomatie heißt das: Überweisungen aus der Bundesrepublik dienen der besseren Zukunft und stehen nur indirekt mit der schlechten Vergangenheit in Verbindung. Insgesamt, das unterstreicht der Finanzminister in seinem »umfassenden Bericht über bisherige Wiedergutmachungsleistungen deutscher Unternehmen« im Hinblick auf künftige Entschädigungsansprüche grundsätzlich, »ist somit festzuhalten: Ansprüche ausländischer Zwangsarbeiter können nach allgemeinen völkerrechtlichen Grundsätzen nicht unmittelbar gegen einzelne deutsche Staatsangehörige geltend gemacht werden. Eine Rechtsgrundlage für Ansprüche auf unmittelbare Zahlungen durch deutsche Unternehmen ist somit nicht gegeben.« Punktum.

Aber der Chef der Finanzbehörde, zu diesem Zeitpunkt der CSU-Politiker Theo Waigel, muß 1996 in seiner Unterrichtung des Bundestags schließlich doch eine Einschränkung machen – der Ausgang eines Verfahrens vor dem Bundesverfassungsgericht müsse abgewartet werden. Ungeachtet der Normenkontrolle in Karlsruhe beharre die Bundesregierung allerdings auf der für sie bislang gültigen Sicht der Dinge: »Soweit während des Zweiten Weltkrieges ausländische Zwangsarbeiter verpflichtet und eingesetzt worden sind, können diese keine direkten Ansprüche gegen den kriegführenden Staat oder seine Unternehmen geltend machen.«[30]

Die Verfassungsrichter, der Zweite Senat unter Vorsitz der Präsidentin des Karlsruher Gerichts, Jutta Limbach, fassen ihren Beschluß, der fortan ein Kristallisationspunkt in der Debatte um die Entschädigung ehemaliger Zwangsarbeiter ist, am 13. Mai 1996. Die Begründung liest sich wie ein Längsschnitt durch die unterschiedlichen Bemühungen des Staates um eine Wiedergutmachung für das von den Nationalsozialisten verursachte Leid. Die Verfassungsrichter weisen ausdrücklich auf Artikel 74 Nr. 9 Grundgesetz (Wiedergutmachung nationalsozialistischen Unrechts) hin, dem die Bundesregierung durch Abkommen mit Israel und der Jewish Claims Conference nachgekommen sei. Ansprüche von Opfern, die die Nationalsozialisten aus politischen, rassischen oder weltanschaulichen Gründen verfolgt hatten, regelte der Gesetzgeber über das 1953 abgeschlossene Bundesentschädigungsgesetz, das aber, hoben die Verfassungsrichter hervor, »ein Entgelt für geleistete Zwangsarbeit nicht vorsieht«.

Mit ebendiesem Problem aber hat sich zu dieser Zeit das Landgericht Bonn zu befassen. Das Landgericht hat Karlsruhe mit der Bitte angerufen, das oberste Gericht möge doch klären, ob das Allgemeine Kriegsfolgengesetz (AKG) mit dem Grundgesetz vereinbar sei. Für dieses Gesetz hatte der Gesetzgeber nur eine kurze Frist zwischen dem 1. Januar 1958 und 31. Dezember 1959 vorgesehen, um Leistungen für »sonstiges NS-Unrecht«, im wesentlichen rechtsstaatswidriges Vorgehen, beanspruchen zu können. In diesem Zusammenhang hatten die Bonner Richter nun knapp vier Jahrzehnte später die entscheidende, seit dem 9. November 1989 unter neuen Vorzeichen stehende Frage an Karlsruhe gestellt: Stehen die Regeln des Völkerrechts individuellen Ansprüchen entgegen? Können also Forderungen dieser Opfer nur auf zwischenstaatlicher Ebene geltend gemacht werden oder können sie sich persönlich an ein deutsches Gericht wenden, um ihre Ansprüche zur Sprache zu bringen?

Die Kläger, die sich an das Landgericht wandten, hatten während des Zweiten Weltkriegs polnische, ungarische oder deutsche Staatsangehörigkeiten und sind jüdischen Glaubens. Als solche, skizzieren die Verfassungsrichter den Fall weiter, wurden sie »in den von der deutschen Wehrmacht besetzten Gebieten verfolgt, in das Konzentrationslager Auschwitz gebracht und dort in der Zeit zwischen September 1943 und Januar 1945 auf Anordnung der SS einem privaten Unternehmen zur Zwangsarbeit zur Produktion von Artilleriezündern, Granaten und Munition zugewiesen. Entlohnung erhielten sie nicht. Das Unternehmen zahlte der SS für jeden der Kläger ein Entgelt. Nach 1945 wechselten die Kläger zum Teil die Staatsangehörigkeit; die deutsche Klägerin behielt ihre Staatsangehörigkeit bei. Die Kläger verlangen von der Bundesrepublik Deutschland jetzt Zahlungen in einer Höhe zwischen 8700 und 22 200 Mark«, um die von ihnen geleistete Arbeit inzwischen mehr als fünf Jahrzehnte später doch noch abzugelten.[31]

Das Bundesverfassungsgericht läßt in seinem Beschluß gelten, daß völkerrechtliche Kontrakte wie der Zwei-plus-Vier-Vertrag oder das Londoner Schuldenabkommen möglicherweise individuelle Ansprüche von Opfern »zum Erlöschen bringen«. Aber – die Richter schließen nicht grundsätzlich aus, daß Individualklagen möglich sind. Das Gericht betont die »Anspruchsparallelität« von individuellen und kollektiven Rechten: Nur weil der Krieg eine zwischenstaatliche Angelegenheit ist, bedeutet das nicht, daß es keine Individualansprüche geben könnte.

In seiner völkerrechtlichen Bewertung hatte Ministerialdirektor Teltschik noch im März 1990 darauf hingewiesen, daß »der in der Völkerrechtspraxis geltende Begriff des Reparationsanspruchs (...) alle völkerrechtlichen Entschädigungsansprüche im Zusammenhang mit Kriegsereignissen (umfaßt). Er umfaßt also auch Individualansprüche geschädigter Staatsangehöriger der Siegerstaaten.«[32] Das aber sehen die Verfassungsrichter anders. Karlsruhe stärkt »die Rechtsstellung der individuellen Antragsteller«.[33]

Der am 13. Mai 1996 einstimmig gefaßte Beschluß des obersten Verfassungsgerichts bricht mit den Argumentationslinien anderer Gerichte. Von einem »zu spät«, das den Opfern im Hinblick auf gesetzliche Fristen vorgehalten wurde, kann jetzt im Grundsatz ebenso wie von einem »zu früh« mit dem Verweis auf ausstehende friedensvertragliche Regelungen keine Rede mehr sein. Karlsruhe nährt Hoffnungen. Zumindest vorübergehend. Opferverbände beraten über die Aussichten, die ihnen das Bundesverfassungsgericht eröffnet haben könnte. Unter dem Strich aber macht sich etwa bei Karl Brozik, dem deutschen Repräsentanten der Jewish Claims Conference, bald auch schon wieder Skepsis breit: Selbst mit diesem Beschluß führe nun mal kein Weg an den Instanzen vorbei. Das aber koste Zeit, die Opfer jedoch seien alle inzwischen sehr betagt.

Die Bundesregierung sieht überhaupt keinen Anlaß, ihre Position nach dem Beschluß aus Karlsruhe zu korrigieren. Die damalige Staatssekretärin im Bundesfinanzministerium, die CDU-Politikerin Irmgard Karwatzki, macht den Opferverbänden bereits im Oktober 1996 überaus deutlich, daß Bonn diesen Hoffnungen überhaupt keine Chancen einräumt: Die Karlsruher Richter, so Karwatzki in einem Schreiben an eine künftige Optionen auslotende Konferenz von Opferverbänden, haben »der Bundesregierung keineswegs die Pflicht auferlegt, bestehende Wiedergutmachungsregelungen etwa zugunsten ehemaliger Zwangsarbeiter nachzubessern«. Für Brozik steht daher außer Frage: »Wir müssen den juristischen Weg gehen und brauchen zugleich auch eine politische Lösung.«[34]

Mehr als ein Jahr nach dem Karlsruher Beschluß kommt das Verfahren beim Landgericht Bonn zu einem zumindest vorläufigen Ende: Die Bundesrepublik wird dazu verurteilt, Entschädigung an eine Klägerin zu zahlen. Dem ständen weder AKG noch das Bundesentschädigungsgesetz oder auch völkerrechtliche Vereinbarungen wie der Zwei-plus-Vier-Vertrag entgegen. Die anderen Kläger weist das Landgericht ab. Das Bedeutende an dieser Entscheidung, die unmittelbar danach in die Revision geht, ist nicht zuletzt die von dem Gericht festgesetzte Summe, die die Bundesrepublik zu zahlen hat – 15 000 Mark.

Ein Betrag, der fortan als Richtwert gilt – in den Verhandlungen, die sechs Jahrzehnte nach dem Ingangsetzen des Programms der Zwangsarbeit für die deutsche Rüstungsproduktion doch noch auf eine Entschädigung für ehemalige Zwangsarbeiter zielen, an die sich keiner mehr erinnert, von denen aber alle wußten.

Drittes Kapitel
Zwangsarbeiter im »Dritten Reich«

Die Kleidung der Häftlinge in Auschwitz, schreibt Hans Frankenthal, »bestand aus dünnem Drillich. Nur ganz selten hatte einer anfangs das Glück gehabt, einen etwas dickeren Anzug zu bekommen, statt dessen hatten die blau-weiß gestreiften Hemden oft nur einen, manchmal gar keinen Ärmel. Fehlende Knöpfe konnten zu einem lebensbedrohlichen Problem werden, da die SS ab und zu kontrollierte, ob eine Jacke mit sechs Knopflöchern auch sechs Knöpfe hatte. Wehe dem, der nicht alle vorzeigen konnte. Um uns vor der Prügelei zu schützen, organisierten wir zum Befestigen der Knöpfe dünnen Draht, damit sie nicht verlorengehen konnten.«[1]

Die SS, merkt Alfred Jachmann an, die SS, davon könne jeder berichten, der damals dabeigewesen sei, brachte nicht allein durch systematischen Mord Menschen ums Leben.[2] Die SS habe auch für Schikane, Demütigungen und Peinigungen gestanden.

»Wer nicht mehr arbeiten kann«, hält Coen Rood unmittelbar nach dem Ende des Zweiten Weltkriegs in seinen privaten Aufzeichnungen[3] fest, »wird mit dem Krankentransport weggeschafft.« Wer weggeschafft wurde, wußte, daß er nie zurückkehren würde.

Hans Frankenthal, Alfred Jachmann und Coen Rood haben Auschwitz überlebt. Alle drei waren während des Zweiten Weltkriegs Zwangsarbeiter bei deutschen Konzernen: Rood bei den Deutschen Gasrußwerken, einer Tochter der Degussa, die gemeinsam mit der Reifenindustrie im polnischen Gliwice (Gleiwitz) eine Fabrik errichten ließ, um Ruß für kriegswichtige Autoreifen zu produzieren, Frankenthal und Jachmann bei der IG Farben.

Bei der Ausbeutung jüdischer KZ-Häftlinge als Zwangsarbeiter lassen sich von 1941 an die IG Farben und die Degussa »von privatwirtschaftlichen und kriegswichtigen Interessen leiten, mit dem Ergebnis, daß sie an der Barbarei des Dritten Reiches zunehmend teilnahmen«.[4] Beide Konzerne werden nach 1945 zu Symbolen – für die Beteiligung der deutschen Industrie am Massenmord, für den diese beiden Unternehmen auch die

Mittel lieferten. Jeweils 42,5 Prozent der Anteile hielten IG Farben und Degussa an der Firma »Deutsche Gesellschaft für Schädlingsbekämpfung«, kurz: Degesch. Die Degesch entwickelte eine Methode, Ungeziefer mittels Gas zu vernichten. Eines der Desinfektionsmittel brachte die Firma als Zyklon B auf den Markt und verkaufte es an die Waffen-SS. Von 1941 an setzten die Nationalsozialisten Zyklon B zunächst in Auschwitz, später auch in den anderen Vernichtungslagern ein, nachdem es sich in Versuchen als effizientes Mittel erwies – wesentlich effizienter als Juden und Sinti durch die Abgase von Motoren zu töten.[5]

Unternehmer basteln eine Legende

Niederlagen gebären Legenden. Nach 1918 nicht anders als nach 1945. Nach dem Ende des Zweiten Weltkriegs setzen deutsche Unternehmer eine Behauptung in die Welt, die sich über Jahrzehnte hinweg hartnäckig hält: Während des Kriegs, dieser gemeinhin akzeptierten »vaterländischen Aufgabe«, hätten sie ihre eigenen Interessen zurückgestellt und sich selbst voller Hingabe in den Dienst des nationalsozialistischen Staates begeben. Das sollte nahelegen: Anders als von der DDR behauptet, lasse sich das Kapital nicht als Steigbügelhalter des Terrorsystems verunglimpfen, sondern habe allein im Dienst der Sache gestanden. Und die Sache hieß – »Volksgemeinschaft«, Deutschland. Letztendlich aber hätten die Nationalsozialisten nicht Wort gehalten. Mit Blick auf die Trümmerlandschaften meinte das: Sie schadeten der Sache gar. Im Grunde hätten die Nationalsozialisten »die Volksgemeinschaft« und also Deutschland verraten und sich dann aus dem Staub gemacht. Für einen Moment lang mochte es in dieser Sicht der Dinge scheinen, als seien inzwischen alle alten Nazis in der Versenkung verschwunden.

Unmittelbar nach dem Krieg müssen sich die Unternehmer wie alle anderen Deutschen überhaupt erst einmal wieder selbst finden. Das hatten ihnen die Nationalsozialisten zuvor doch ganz leicht gemacht. Sie deklarierten den Ausgang des Krieges zu einer Frage des gesellschaftlichen Allgemeinwohls, hinter dem individuelle Belange zurückzutreten hätten, machten den Krieg somit zu einem »Medium der Selbststeigerung«[6] und zielten über die rassenideologisch motivierte Ausgrenzungspolitik wie später die Vernichtungsstrategie gegen die Juden darauf, eine Volksgemeinschaft zu schaffen, in der soziale Differenzen hinter der allgemeinverbindlichen Perspektive zurücktreten, sich als Herren zu definieren. Getreue Parteigänger konnten sich gar nehmen, was ihnen die Juden angeblich vorher genommen hatten. Getreue Parteigänger bedachten die Nazis mit Hausmädchen, die sie aus der Ukraine oder Weißrußland verschleppten. An die systematische Ausgrenzung knüpft die systematische Ausplünderung an. Doch so weit mußte es gar nicht kommen, um sich der Loyalitäten zu versichern. Das macht der nationalsozialistische Arbeitseinsatz deutlich. Für sein Funktionieren grundlegend blieb, »daß die Praktizierung des Rassismus zur täglichen Gewohnheit, zum Alltag wurde, ohne daß sich der einzelne daran in Form aktiver Diskriminierung oder Unterdrückung beteiligen mußte«.[7]

Zur Legende der Unternehmer gehört die Vorstellung, es seien am Ende nur die Männer der SS gewesen, die die Opfer quälten. Die Schläge der Bauern auf den Gutshöfen, die Drangsalierungen der Hauer unter Tage auf den Zechen im Ruhrgebiet und die Hiebe der Meister in den – später unterirdischen – Rüstungsfabriken verschwinden im Nachkriegsdeutschland kurzerhand und für lange Jahre im dunklen Raum des kollektiven Schweigens. Denn mit der Nähe des Unrechts, das für die Deutschen während des Kriegs in die unmittelbare Nachbarschaft rückte, korrespondiert die um so entschiedenere Zurückweisung des Mitwissens durch die Mitwisser – über Zwangsarbeit spricht niemand mehr.

Konzerne profitieren von der Barbarei

Am Beispiel der Konzerne IG Farben und Degussa macht der Historiker Peter Hayes deutlich, daß »die kumulative Radikalisierung des Nazi-Systems (...) sich auch in der Privatwirtschaft widerspiegelt«.[8] Der Holocaust-Forscher Raul Hilberg faßt diesen Zusammenhang präziser: Für ihn war die in den 20er Jahren aus zahlreichen Chemiefirmen geschmiedete IG Farben »kein bloßes Unternehmen; sie war ein bürokratisches Imperium und ein Hauptfaktor der Vernichtungsmaschinerie«.[9] Der Konzern weiß um die Nachfrage der Rüstungsindustrie: Die Kriegswirtschaft braucht große

Mengen von künstlichem Kautschuk, »Buna«. Neben den bereits bestehenden Standorten in Schkopau, in Hüls und schließlich »Buna III« in Ludwigshafen will die IG Farben nach dem ersten Kriegsjahr und in der Gewißheit erster Erfolge der deutschen Wehrmacht in Korrespondenz zu dem Standort Ludwigshafen eine weitere Fabrik für eben diese Produktion errichten. Das Reichswirtschaftsministerium bevorzugt bei diesen Überlegungen von Anfang an den Standort Auschwitz. Die IG Farben, nach Kriegsende von den Alliierten in die Chemieriesen Hoechst AG[10], Bayer, BASF und die – bis heute trotz heftiger Proteste der »Kritischen Aktionäre« und Überlebender des Holocaust weiterhin bestehende – Liquidationsgesellschaft IG Farben in Abwicklung zerschlagen, entscheidet sich schließlich Anfang 1941 für den Standort, dessen Name ein Synonym für die Gewaltgeschichte des 20. Jahrhunderts werden sollte: »Die IG Auschwitz war geboren«, heißt es dazu bei Hilberg: »In ihrer Fabrik machte sich die IG Methoden und Mentalität der SS zu eigen.«[11] Der Zusammenhang zwischen IG Farben und Auschwitz verweist auch auf unterschiedliche Vorstellungen innerhalb der Bürokratie: Himmler wollte zunächst die Rüstungsproduktion in die Konzentrationslager verlagern. Im September 1942 ändert sich das Konzept: Die NS-Hierarchen beschließen, KZ-Häftlinge als Arbeitskräfte an die Industrie zu vermieten. Das führt zu einer enormen Ausweitung der Außenlager der Konzentrationslager – bei Kriegsende sind es 1200.

Der Krieg ist für die IG Farben ein überaus lukratives Geschäft. 1943 bezieht allein die Wehrmacht 25 Prozent ihres Bedarfs an Kunstfasern, 33 Prozent des Treibstoffs und 100 Prozent der synthetischen Gase, Buna, Tetraethylblei und Methanol sowie Stabilisatoren für Explosivstoffe bei dem Konzern.[12]

Zwei Jahre nach Kriegsende ziehen die Alliierten vom 14. August 1947 an führende Manager des Unternehmens in Nürnberg zur Verantwortung. Die Richter legen ihnen im IG-Farben-Prozeß unter anderem den Einsatz von Zwangsarbeitern in Auschwitz zur Last. Die Strafen fallen jedoch milde aus: IG-Farben-Direktor Walter Dürrfeld etwa erhält eine Haftstrafe von acht Jahren, ist jedoch 1951 bereits wieder auf freiem Fuß, als der Hohe Kommissar John J. McCloy sich zur Begnadigung einiger in Nürnberg Verurteilter entschließt.

16 Jahre später steht Dürrfeld erneut vor Gericht. Diesmal vor der deutschen Justiz, diesmal als Zeuge. Im Frankfurter Auschwitz-Prozeß gebraucht er schließlich die Argumentation, die über Jahrzehnte hinaus für die Rechtsfertigungsstrategien beschuldigter Manager typisch bleibt: Von einer über dringliche gemeinsame Interessen verbundenen Zusammenarbeit zwischen SS und Unternehmen könne überhaupt keine Rede sein. Vielmehr habe sein Konzern die Fabrik in Monowitz errichtet, um die Lage der Gefangenen zu verbessern: »Je länger Häftlinge bei uns waren«, zitiert Hermann Langbein in seinem Protokoll des Verfahrens den früheren IG-Farben-Manager, »desto mehr besserte sich ihr Gesundheitszustand.«[13] Dagegen steht doch außer Zweifel: »Das Bestreben der Gesellschaft, Kosten zu sparen und die Produktivität zu steigern, (übte) einen direkten Einfluß auf die Lage der Häftlinge aus (...).« Den Managern des Konzerns wäre es möglich gewesen, die Situation der Opfer zu verbessern, indem sie die Häftlinge besser mit Lebensmitteln versorgt und die Lage in den überfüllten Baracken entspannt hätten.[14]

In Auschwitz III, Monowitz, kommen etwa 25000 der dort insgesamt eingesetzten 35000 Häftlinge um.[15] Zu den Überlebenden gehört Hans Frankenthal. Auch er sagt Anfang der 60er Jahre als Zeuge im Frankfurter Auschwitz-Prozeß aus, obwohl es ihm seinen Erinnerungen zufolge ausgesprochen schwerfällt, den Tätern im Gerichtssaal noch einmal »ins Gesicht zu schauen«[16] – doch immerhin, das tröstet Frankenthal, sprechen die Menschen im Nachkriegsdeutschland endlich über Auschwitz.

Wenn Schuhe beim Überleben helfen

Die Häftlinge aus dem Transport, der Hans Frankenthal nach Auschwitz gebracht hatte, »durften ihre eigenen Schuhe behalten – die Direktoren der IG Farben hatten wohl eingesehen, daß wir auf der Baustelle des Buna-Werks ohne vernünftige Schuhe wenig leisten konnten. Die meisten anderen im Lager mußten in Holzpantinen laufen, in denen die Füße schon nach wenigen Tagen wund und blutig waren. Der Besitz von Schuhen bedeutete das halbe Leben, denn mit kaputten Füßen konnte man nicht richtig laufen, und wer nicht voll arbeitsfähig war, wurde schnell ›überflüssig‹.«[17]

Am Eingang zu Block sieben, daran erinnert sich Alfred Jachmann genau, stehen an diesem Tag im Juli 1944 SS-Ärzte und andere Männer. Sie tragen Zivilkleidung. Sie begutachten Häftlinge. Die müssen der Reihe nach vortreten. Links, rechts – aussortiert. Als arbeitsfähig eingestuft oder auf den Weg in die Gaskammern geschickt. Unter ihnen der Vater von Jachmann. »Vor meinen Augen wurde mein Vater nach Birkenau deportiert«, berichtet Jachmann.

»So kommt es, daß die Lagerbevölkerung alle drei bis vier Monate völlig ausgewechselt wird«, schreibt Coen Rood in seinen lange Zeit verborgenen Erinnerungen. Männer und Frauen, die bei ihrer Ankunft in Auschwitz »Kraftreserven haben, sind bald ausgearbeitet. In einem anderen Lager dürfen sie sich dann ›erholen‹, das heißt: Sie werden liquidiert.«

Himmler trägt ein dringendes Anliegen vor

An diesem Sonntag, an dem die deutsche Wehrmacht die Sowjetunion überfällt, hat Himmler kaum Termine. Sein Dienstkalender vermerkt für den 22. Juni 1941, nachdem genau 129 Jahre zuvor schon einmal ein Eroberer, Napoleon, einen Krieg gegen Moskau angefangen hat, nur eine Einladung an den Staatssekretär im Reichsjustizministerium, Franz Schlegelberger. Himmler hat ein dringliches Anliegen. Der SS-Chef spricht angebliche Tätlichkeiten polnischer Zwangsarbeiter gegen »deutsche Frauen und Mädchen« an und verlangt von Schlegelberger, die Gesetze müßten verschärft werden. Den Tod durch Erhängen hält Himmler in diesem Zusammenhang für angemessen. Zugleich gelte es, Abtreibungen bei polnischen Zwangsarbeiterinnen zu verbieten. Schlegelberger, noch in Weimarer Zeiten ein rechtskonservativer Mann, inzwischen jedoch Hitler untertänigst ergeben, lehnt das ab. Er läßt jedoch in einem Rundschreiben seines Ministeriums nach der Unterredung mit dem Reichsführer SS darauf hinweisen, daß »im Fall angeblich zu milder Strafen gegen polnische ›Straftäter‹ die Verurteilten meist wegen ›Widerstandes erschossen‹ oder an die Staatspolizei abgegeben worden seien«.[18]

Himmler hat es ja gleich von Anfang an gesagt. Fremdarbeiter, noch dazu in größeren Mengen, das bringt viel Ärger mit sich. Die SS will zu

Beginn des Zweiten Weltkriegs von einem Einsatz ausländischer Arbeitskräfte in der deutschen Wirtschaft nichts wissen. Ihre Beschäftigung stehe der nationalsozialistischen Weltanschauung geradezu entgegen. Das sehen Unternehmen zu diesem Zeitpunkt nicht anders: »Als die Daimler-Benz AG im Frühsommer 1940 im Werk Sindelfingen erstmals Kriegsgefangene und damit Zwangsarbeiter einsetzte, galt deren Einsatz noch als Ausnahme, als Notbehelf zur Überbrückung eines kurzfristigen Engpasses beim Personal.«[19] Ein solches Programm, daran läßt Himmler zunächst keinerlei Zweifel aufkommen, berge immense innenpolitische Gefahren. Zwar hat es Saisonarbeiter zumeist aus Polen vorwiegend in der Landwirtschaft schon früher gegeben, die eine Reihe von unliebsamen Arbeiten übernahmen. Doch nicht auszudenken, wenn Fremdarbeiter in das bei den Nationalsozialisten verhaßte Sowjetrußland zurückkehren und einen Vergleich anstellen würden, der für Deutschland in der Konkurrenz der Systeme ausgesprochen nachteilig ausfallen könnte, weil die Opfer mit der deutschen Kriegswirtschaft nur das Schlimmste in Verbindung bringen. Zugleich speisen sich die Bedenken aus dem nachhaltig wirkenden Novembertrauma von 1918: Es ist »die Furcht vor kommunistischer Infizierung der Heimat, die zusammen mit einer wiedererstehenden deutschen Arbeiterbewegung das Regime destabilisieren könnte«.[20] Gleichzeitig aber stehen den rassenideologisch motivierten Bedenken, Ausländer ins Reich zu holen, handfeste wirtschaftliche Interessen entgegen, die die Diskussion spätestens seit dem Angriff auf die Sowjetunion dominieren. Zwischen den unterschiedlichen Vorstellungen stehen die Fremdarbeiter.

Himmler läßt sich überreden. Der Reichsführer gibt als neue Maxime aus: »Wenn man die Polen schon hereinholte und damit aus wirtschaftlichen Gründen gegen eigene Prinzipien verstieß, mußte man sie wenigstens schlecht behandeln.«[21] Entsprechende Polen betreffende Erlasse im März 1940 stehen am Anfang eines »immer geschlossener werdenden, nach Nationalitäten differenzierten Sonderrecht(s) für ausländische Arbeiter«.[22] So gilt mittlerweile nach einer Anordnung der Regierung des Generalgouvernements für alle 14- bis 25jährigen eine Arbeitspflicht. Der Erfolg der Wehrmacht gegen Frankreich eröffnet weitere Aussichten auf ausländische Arbeitskräfte: Im Herbst 1940 arbeiten bereits mehr als zwei Millionen Ausländer in Deutschland, ein Jahr später sind es bereits drei Millionen. In der gewerblichen Wirtschaft setzen vor allem Bergbau und Bauwirtschaft jetzt voll auf die Fremdarbeiter. Frühere Pläne sind mittlerweile Makulatur: »Die ursprünglichen Absichten der Nationalsozialisten, Ausländer nur als vorübergehende Notlösung und auch nur bei niederen Tätigkeiten im Reich zu beschäftigen, hatten in fast allen Punkten den wirtschaftlichen Sachzwängen einer Kriegführung weichen müssen, die die Kapazitäten der deutschen Wirtschaft bei weitem überstieg und sowohl im Hinblick auf Rohstoffe wie auf Arbeitskräfte auf die Ressourcen der besetzten Länder angewiesen war.«[23]

Junge Menschen müssen zum Arbeitseinsatz

Im Dezember 1939, gerade drei Monate nach dem Überfall der deutschen Wehrmacht auf Polen, erinnert sich der aus Posen stammende Julian Oleg Nowak beispielsweise, verkündeten die deutschen Besatzungsbehörden, die Arbeitspflicht gelte künftig auch für 14jährige Kinder: »Es ging bald das Gerücht, daß alle Jugendlichen, die keine Arbeit vorweisen könnten, zwangsweise nach Deutschland verschickt würden. Als ich daher vierzehn Jahre alt wurde, beschloß meine Familie, Arbeit für mich zu suchen und mich beim Arbeitsamt anzumelden. So habe ich eine Lehrstelle in einer Klempnerwerkstatt in der Jozefa-Straße gefunden. Der Meister hat mir eine Bescheinigung ausgestellt, aus der sich ergab, daß ich in seinem Betrieb beschäftigt war. Mit diesem Schreiben bin ich am 13. November 1941 ins Arbeitsamt gegangen. Dort auf den Gängen irrten viele Menschen umher: Mädchen und Frauen, Jungen und Männer. Schließlich fand ich meinen Schalter und stellte mich in der Warteschlange an, um mich registrieren zu lassen. Während des Wartens wurden wir ständig herumgestoßen und von irgendwelchen Beamten angebrüllt – immer auf deutsch, eine Sprache, die die meisten überhaupt nicht verstanden. Kurz vor Mittag war ich endlich an der Reihe. Ich mußte meinen Ausweis und die Bestätigung meiner Klempnerwerkstatt abgeben; der Beamte sagte zu mir, den Ausweis würde ich dann schon zusammen mit der Arbeitszuweisung zurückbekommen. So mußte ich wieder einige Stunden warten. Schließlich erfuhren wir am Nachmittag, daß keiner von uns ohne schriftliche Erlaubnis das Arbeitsamt verlassen dürfe. Sofort breitete sich eine hektische Unruhe aus. Jeder versuchte irgendwie aus dem Arbeitsamt herauszukommen. Als die deutschen Beamten das merkten, haben sie uns alle in einen Korridor zusammengedrängt und bewacht; niemand konnte sich entfernen. Schließlich kam ein Volksdeutscher als Dolmetscher; der erklärte uns, wir müßten alle warten, bis auch der letzte abgefertigt sei. Er kündigte auch gleich an, daß ein Teil von uns bereits für den Arbeitseinsatz im ›Reich‹ vorgesehen sei; entweder würden wir als Hilfskräfte in der Landwirtschaft oder in Industriebetrieben eingesetzt.«[24]

Gleich nach der Ankunft in der Hansestadt Bremen, schreibt Henryk Grygiel, »erhielten wir eine Nummer und das gelbviolette ›P‹-Zeichen, das fest an der Kleidung angenäht sein mußte. Ich bekam die Nummer 26 964, die ich bis zum Kriegsende getragen habe. Diese Nummer tauchte überall wieder auf: in der Arbeitskarte, in der Registratur des Lagers, im Betriebsausweis, auf der Lohnkarte usw. Sie mußte auch an die Wäsche genäht werden. Alle persönlichen Dokumente hat man uns abgenommen. Als einzige Legitimation blieb uns der Passierschein für die Fabrik mit einem Lichtbild und dem eingestempelten ›P'-Buchstaben. Das violett-gelbe ›P‹-Zeichen auf unserer Brust hat uns von nun an ständig begleitet. So konnte uns jeder gleich ansehen, daß er es mit einem Polen zu tun hatte.«[25]

Der »Blitzkrieg« gerät ins Stocken

Die gegen Polen und Frankreich erfolgreiche Strategie des »Blitzkriegs« versperrt der deutschen Rüstungswirtschaft offensichtlich den Blick für künftige Erfordernisse. Nach dem Überfall auf die Sowjetunion stagniert die Produktion. Hat Deutschland 1940 – gemessen an den Preisen von 1944 – noch sechs Milliarden Dollar für Rüstungsprojekte ausgegeben, London aber nur 3,5 Milliarden investiert, Moskau lediglich fünf Milliarden aus dem Haushalt für diesen Posten vorbehalten und die Vereinigten Staaten gerade mal 1,5 Milliarden Dollar, verzeichnet das Deutsche Reich schon ein Jahr später keinen Zuwachs mehr, während die anderen Staaten ihre Etats kräftig erhöhen: Großbritannien stellt nun 6,5 Milliarden Dollar bereit, Moskau 8,5 Milliarden und die USA 4,5 Milliarden Dollar.

Hitler ist mit der Lage unzufrieden. Zum Ausdruck kommt sein Unmut in dem »Führerbefehl über die Vereinfachung und Leistungssteigerung unserer Rüstungsproduktion« vom 3. Dezember 1941. Albert Speer soll es nun richten und das Reich aus dieser vertrackten Lage bringen. Hitler beruft den Architekten am 9. Februar 1942 zum »Reichsminister für Bewaffnung und Munition«, späterhin »Reichsminister für Rüstung und Kriegsproduktion« genannt. Speer schafft »mit der merkwürdigen Mischung aus zentraler Befehlsgebung, verringerter Bürokratie und erweiterter Verantwortung (...) eine Art Gegenmodell zur überorganisierten Kommandowirtschaft des Regimes«.[26] Unter der Ägide Speers vollzieht sich »ein Prozeß fortschreitender Konzentration und Vereinfachung der Produktion, eine innere Rationalisierung«.[27] Ein Modell, das sich in der steten, für das nationalsozialistische Regime überaus typischen Konkurrenz zur SS sowie zu der von Robert Ley dirigierten und bürokratisch aufgeblähten Deutschen Arbeitsfront zu behaupten hat. Doch selbst wenn Speer mit den rivalisierenden Instanzen erhebliche Schwierigkeiten hat, steht für den Historiker Ludolf Herbst doch außer Frage, daß er mit der enormen Forcierung der Rüstungsproduktion, die zugleich ein Indiz für die Verabschiedung von der zunächst euphorisch gefeierten »Blitzkrieg«-Strategie ist, »wesentlich dazu bei(trug), den Krieg zu verlängern und jenes mehr als dreijährige Durchhalten an allen Fronten gegen eine von vornherein erdrückend überlegene Koalition der größten Mächte der Erde zu ermöglichen«.[28]

Dennoch kann Speers Wirken nicht über gravierende Defizite des nationalsozialistischen Wirtschaftens hinwegtäuschen: Zugleich spiegelt »das System Speer (...) die spezifischen Strukturmängel, die dem NS-System als Ganzes anhaften, den fortschreitenden Verlust institutioneller Bindungen und geregelter Verfahrensweisen und den Verlust der Fähigkeit, im Rahmen gegebener Ressourcen zu operieren. Die Industrie wurde, indem sie sich dem Dienst der grenzenlosen Expansionsabsichten des Regimes und dessen voluntaristischen Kraftakten verschrieb, zur Menschenfalle – und dies im wahrsten Sinne des Wortes.«[29]

Zementsäcke sollen Wärme spenden

Wenn es in Auschwitz tagsüber geregnet hat, kehren die Häftlinge völlig durchnäßt von der Arbeit zurück. »Wenn das Wasser beim Essenanstehen nur so an uns heruntertriefte«, berichtet Hans Frankenthal, »erlaubte uns der Blockälteste, uns schon währenddessen auszuziehen. Meist reichte die Zeit bis zum nächsten Morgen trotzdem nicht aus, um die Kleidung zu trocknen – am nächsten Tag froren wir schrecklich in unseren immer noch nassen und klammen Sachen. Der Körper hatte kaum noch Widerstandskraft, und viele von uns starben an Lungenentzündung. Es gab ein Mittel, mit dem wir uns zu helfen versuchten: leere Zementtüten, deren innerste zementverklebte Seite wir herausrissen, oben ein Loch machten, uns überstülpten und unter der Kleidung trugen. Das trockene Papier wärmte ein wenig. Als die SS-Männer dies nach einiger Zeit spitzgekriegt hatten, machten die Wachposten sich einen Spaß daraus, während der Arbeit mit einem Stock an den Häftlingen vorbeizugehen und ihnen auf den Rücken zu schlagen. Wenn es nach Papier raschelte, hatte für dich die Stunde geschlagen – nach der Bestrafung spürtest du nicht mehr, ob du einen nassen oder trockenen Anzug anhattest.«[30]

Der Anwerber stellt sich gegen Speer

Mitte August 1942 ist Himmler auf Inspektionsreise. Der Reichsführer SS besucht Lemberg, besichtigt dortige Dienststellen der SS und schaut sich »mindestens zwei Zwangsarbeitslager für Juden an der Durchgangsstraße IV, in Jaktorow und in Lacki Wielki«, an. Von seinen Besprechungen nimmt er Eindrücke mit, die ihn offensichtlich auf Ideen bringen. Himmler schreibt an Fritz Sauckel, die Reorganisation von Arbeitsämtern könnte zumal in Galizien sinnvoll sein, um mehr Zwangsarbeiter für das Reich zu finden.[31]

Sauckel gehört zu den ganz Treuen in der Partei. Bereits seit 1923 ist er Mitglied der NSDAP. Sauckel macht Karriere. Zunächst als Landtagsabgeordneter in Thüringen, später als dortiger Reichsstatthalter. Am 21. März 1942 ernennt ihn Hitler zum »Generalbevollmächtigten für den Arbeitseinsatz«. Seitdem ist Sauckel der Anwerber: Er brüstet sich hinfort immer wieder gerne damit, zigtausende Arbeiter aus Osteuropa vor allem zum Einsatz im Reich »verpflichtet« zu haben. »Verpflichtet« ist in diesem Zusammenhang ein Synonym für das, was unter den Verbrechen des 20. Jahrhunderts »Sauckel-Aktionen« heißt: Es steht für die rücksichtslose und brutale Aushebung ausländischer Arbeitskräfte für die deutsche Kriegsproduktion, den Bergbau und die Landwirtschaft.

Sauckel kann Speer überhaupt nicht leiden. Frühzeitig zeichnet sich ab, daß sich beim Fremdarbeitereinsatz »zwei Blöcke einander deutlich gegenüberstanden: Speer als Vertreter der an Effektivität orientierten großindustriellen Gruppen und des technokratischen Managements in Wirtschaft und Verwaltung – und das Ausländerreferat im RSHA (Reichssicherheitshauptamt, d. Verf.) als Sachwalter der vorrangig an ideologischer Identität und Perspektive des Nationalsozialismus interessierten Führungskreise in der Partei und im Sicherheitsapparat«.[32] Sauckel sieht sich zu diesem Günstling Hitlers, des »Führers Architekten«, stets in Konkurrenz. Speer ist seit dem 8. Februar Nachfolger des tags zuvor tödlich verunglückten Fritz Todt. Der war seit 1938 Generalbevollmächtigter für die Regelung des Bauwesens und schuf in diesem Amt die nach ihm benannte Organisation Todt, die schließlich in enger Zusammenarbeit mit etlichen Unternehmen der Baubranche den Westwall errichtete. Bei diesem Projekt arbeiteten bereits Tausende ausländische Arbeitskräfte, lange bevor die deutsche Kriegsproduktion systematisch auf Zwangsarbeiter setzt. Bei der Vergabe von – insbesondere ausländischen – Arbeitskräften spielt die Organisation eine zentrale Rolle.[33] Todt zielt grundsätzlich darauf, Produktionsfortschritte zu erreichen. Auf dieses Bemühen geht Hans Mommsen zufolge die Steigerung der Rüstungsproduktion unter Speer vor allem zurück.[34] Um den Tod von Todt rankt sich immer wieder das Gerücht, der Flugzeugabsturz sei Folge einer Manipulation gewesen. Denn Todt hielt bereits im November 1941 die militärische Lage in der Sowjetunion für völlig aussichtslos und drängte Hitler, mit Moskau einen Friedensschluß zu suchen.

Speer ist zu Beginn der 40er Jahre vor allem damit befaßt, seinen eigenen Machtbereich innerhalb der nationalsozialistischen Hierarchie enorm zu erweitern. Als »Reichsminister für Bewaffnung und Munition« weist Speer Hitler bereits wenige Wochen nach seinem Amtsantritt darauf hin, daß vor allem das Fehlen von Arbeitskräften ein Problem sei. Speer schlägt vor, einen »Generalbevollmächtigten für den Arbeitsdienst« zu ernennen. Er selbst sieht offenbar für diesen Posten Karl Hanke vor, »der nach seiner Affäre mit Magda Goebbels aus dem Propagandaministerium ausgeschieden und zum Gauleiter von Niederschlesien ernannt worden war«.[35] Hitler aber folgt seinem »Sekretär« Martin Bormann und ernennt Sauckel. Der Konflikt ist abzusehen: Sauckel setzt darauf, die Menschen aus ihren Heimatländern ins Reich zu verschleppen, weil sie dort mehr Leistung brächten und den eigenen Armeen nicht zur Verfügung ständen. Dagegen hält Speer sein Konzept, Aufträge vor allem für den zivilen Bereich nach Osteuropa zu verlagern: Er verspricht sich davon »bessere Ergebnisse, wenn die Arbeiter in ihrer Heimat für deutsche Zwecke« ausgenutzt werden.[36] Sauckel versucht immer wieder, sich den Vorgaben Speers zu widersetzen und innerhalb der gesamten Produktion Prioritäten im Hinblick auf die Zuteilung von Arbeitskräften zu setzen. Speer hingegen untersteht die »Zentrale Planung«. Diese macht Vorgaben und legt »wie den Rohstoffbedarf, so auch den Arbeitskräftebedarf entsprechend den jeweiligen, meist sehr dringenden Anforderungen der einzelnen industriellen Produktionsausschüsse fest«.[37]

»Die Rüstungsindustrie hofft auf Kriegsgefangene«

Wie auch immer Sauckel und Speer die Dinge drehen – mit den Rückschlägen für die deutsche Wehrmacht an der Ostfront ändert sich die kriegswirtschaftliche Lage noch einmal von Grund auf: Immer mehr deutsche Arbeiter werden von den Werkbänken an die Front kommandiert, während die Zahl der Rüstungsaufträge gleichzeitig noch einmal enorm ansteigt. Wie auch immer ideologische Vorbehalte bewertet werden – dagegen steht mittlerweile, daß ohne die Ausländer an den heimischen Werkbänken der Krieg nicht mehr fortgeführt werden kann.

Am 30. Juni 1941 vermerkt das Rüstungskommando Essen: »Die Rüstungswirtschaft hofft, bald russische Gefangene als Arbeitskräfte zu erhalten.«[38] Eine Notiz, die bereits wenige Tage nach dem Angriff auf die Sowjetunion die Zuversicht in einen guten Verlauf des »Unternehmens

Barbarossa« unterstreicht und darauf verweist, daß die Führung des nationalsozialistischen Staates inzwischen ihr kategorisches Nein zum Einsatz russischer Zwangsarbeiter überdenkt. Die zunächst entschiedene Ablehnung steht »in engstem Zusammenhang mit dem Novembertrauma«[39] und der Erinnerung daran, wie 1918 die Arbeiter und Matrosen dem »im Felde unbesiegten« deutschen Militär angeblich »den Dolchstoß« versetzten. Die gleich zu Beginn des Unternehmens Barbarossa gemachten sowjetischen Kriegsgefangenen sollen bleiben, wo sie sind, zumindest das hat sich die Spitze des NS-Staates zunächst überlegt: Als Arbeitssklaven hätten sie dem Aufbau im Osten zu dienen. Auch in Wirtschaftskreisen findet sich zwar die Furcht vor möglicher politischer Agitation, doch mit zunehmender Dauer des Kriegs hat für sie allein die Verfügbarkeit über Arbeitskräfte Priorität, und seien es auch geschwächte. Spätestens im Herbst 1941 ist deutlich: »Das letzte verfügbare Potential bildeten die sowjetischen Gefangenen und die sowjetische Zivilbevölkerung.«[40]

Großen Einfluß auf eine entsprechende Entscheidung Ende Oktober mißt der Historiker Christian Streit der Reichsvereinigung Kohle zu, einer zumal mit steigender Produktion stetig gewichtiger werdenden Lobby: Sie wirbt energisch bei dem Beauftragten für den Vierjahresplan, Hermann Göring, etwa um die als gut ausgebildet geltenden Bergleute aus dem ukrainischen Kriwoi Rog. Noch während der Schlacht bei Kiew, berichtet Streit weiter, sei Paul Pleiger als Vorsitzender der Vereinigung dorthin geflogen, »um die Ausbeutung der Vorkommen und die Vereinnahmung der Werke durch deutsche Firmen zu organisieren«.[41] Danach drängt er auf eine rasche Entscheidung. Doch erst Wochen später sagt ihm Berlin zu, bis zu 12 000 Bergleute aus der Ukraine ins Reichsgebiet zu holen: »Die Bedeutung der Entscheidung lag weniger darin, daß die geforderten Arbeitskräfte für den Bergbau schnell beschafft wurden als vielmehr darin, daß nun die starre Ablehnung, die die deutsche Führung einer Hereinnahme sowjetischer Arbeitskräfte in das Reichsgebiet entgegensetzte, durchbrochen worden war.«[42]

Nach dem Kompromiß macht sich Göring Gedanken über Unterbringung und Ernährung der Russen. Einer der Referenten im Reichsarbeitsministerium erinnert sich an eine Sitzung mit dem Reichsmarschall, bei der es auch um ebendiese Frage gegangen sei: »Auf meinen Hinweis, daß diese

Kriegsgefangenen völlig ausgehungert seien und erst ›aufgepäppelt‹ werden müßten, erklärte Göring: ›Dann werft ihnen doch eine tote Katze in die Feldküche.‹«[43]

Anfang 1943 versuchen die Nationalsozialisten noch einmal eine propagandistische Offensive, um gegen die drohende Niederlage Stimmung zu machen. Goebbels bemüht sich darum, Kräfte zu mobilisieren. Wie Spötter sagen, steht die Kampagne unter dem Motto: »Kraft durch Furcht.« Obwohl russische Kriegsgefangene inzwischen als produktive Arbeiter gelten, zielt sie darauf, die Angst vor »bolschewistischen Horden« zu schüren, die im Falle der Niederlage Deutschland überrennen würden. Das Reich aber werde sich als Bollwerk für »das gesamte zivilisierte Europa« erweisen. Das Ziel jedoch, mit einer solchen Propaganda auch »jenseits der deutschen Grenzen (einen Massenrückhalt) zu gewinnen, war nicht zu erreichen: Deutschland beutete die von ihm abhängigen Länder in einer Weise aus, die eine europäische Solidarisierung mit Deutschland unmöglich machte.«[44]

Gleichzeitig verständigen sich die an dem Ausländereinsatz beteiligten Behörden auf ein sogenanntes Merkblatt, das »für die Zeit bis Ende 1944 als Grundlage der Ausländerpolitik« gelten kann: Für den militärischen Sieg unerläßlich soll die Erhaltung der Arbeitskraft der Ausländer sein. Unterbringung und Verpflegung müßten daher verbessert, Freizeitangebote gemacht und eine seelsorgerische Betreuung in Betracht gezogen werden. Eigens für Fremdarbeiter eingerichtete Bordelle gibt es zu diesem Zeitpunkt bereits in nahezu jeder größeren Stadt. Unerwähnt aber läßt das »Merkblatt« die sogenannten GV-Verbrechen – die sexuellen Kontakte zwischen deutschen Frauen und Zwangsarbeitern. Zahlreiche polnische und sowjetrussische Arbeiter werden deswegen hingerichtet, die Frauen geraten an den Pranger. Aus diesen Kontakten hervorgehende Kinder werden, selektiert nach »gutrassigen« und »schlechtrassigen«, in eigens eingerichtete Heime gebracht und unter schlechten gesundheitlichen Zuständen aufbewahrt. Herbert berichtet in diesem Zusammenhang von einem Heim, das der Krupp-Konzern einrichten ließ – infolge einer Diphtherie-Epidemie starben zwischen Herbst und Winter 1944 mindestens 48 der dort untergebrachten 120 Kinder zumeist russischer Mütter.[45]

Deutsche werben ausländische Arbeiter an

Zu den Legenden, die sich um den Zweiten Weltkrieg ranken, gehört auch die, daß die SS den Unternehmen Zwangsarbeiter geradezu aufgenötigt habe. Dem steht das reale Entscheidungsverfahren entgegen: »Die Privatfirmen meldeten aus eigener Initiative ihren Bedarf dem Amt DII des WVHA (Wirtschaftsverwaltungshauptamt der SS, d. Verf.). Standen Häftlinge zur Verfügung, prüfte die SS die Unterkünfte und die Fluchtsicherheit des Werkes und erteilte die Genehmigung. In den jeweils zuständigen Lagern konnten die Firmenvertreter die Arbeiter selbst aussuchen, die sodann in ein Außenkommando nahe der Arbeitsstelle überführt wurden. Die Verleihgebühren betrugen sechs Reichsmark für Facharbeiter, vier RM für Hilfsarbeiter.«[46] Für die »Ostarbeiter« hatten die Unternehmen eine gleichnamige Steuer abzuführen, »um zu verhindern, daß die sowjetischen Arbeiter so billig würden, daß es für den einzelnen Betriebsführer lohnend wurde, deutsche Arbeiter zu entlassen, um Ostarbeiter einzustellen«.[47] Das Beispiel Krupp: Im Durchschnitt zahlt der Rüstungskonzern an deutsche Arbeiter 180 Reichsmark pro Monat an Lohn, an Westarbeiter 165,25 Reichsmark (91 Prozent), an männliche Ostarbeiter 73,25 Reichsmark (41 Prozent), an weibliche Ostarbeiter 66,75 Reichsmark (37 Prozent) und für Kriegsgefangene 121,50 Reichsmark (67,5 Prozent). Unter dem Strich allerdings verbuchen die Fremdarbeiter erheblich weniger: »Nach den Abzügen für Verpflegung und Unterkunft, Arbeitskleidung und Fahrtkosten blieben einer Ostarbeiterin kaum zehn Reichsmark.«[48]

Im Februar 1943 sind 1 622 000 Kriegsgefangene und 4 121 000 Zivilarbeiter, also insgesamt 5 743 000 ausländische Arbeitskräfte in Deutschland eingesetzt, unter ihnen 1 315 000 Polen und 1 612 000 Sowjetrussen. Ihr Einsatz ist von Branche zu Branche sehr unterschiedlich. Gemessen an ihrer Gesamtbelegschaft haben das Baugewerbe und die Landwirtschaft die bei weitem höchsten Anteile: 1943 ist jeder zweite Arbeiter auf einer Baustelle Ausländer, in der Landwirtschaft liegt der Anteil gar bei 58 Prozent. Während der Anteil der Zwangsarbeiter in der Elektro- und Textilindustrie in den Kriegsjahren nur langsam auf einem eher niedrigen Niveau ansteigt, machen Metall, Eisen und Stahl sowie der Bergbau die größten Sprünge: Liegt der Ausländeranteil in den Stahlküchen 1942 gerade mal bei 15,4 Prozent, wächst er 1943 auf 28,7 und 1944 schließlich auf 33 Prozent.[49] Auch zwischen einzelnen Betrieben bewegt sich der Anteil der ausländischen Arbeiter auf völlig unterschiedlichen Niveaus: Arbeiten im September 1942 beim Bochumer Verein nur 12,9 Prozent, bei Rheinmetall 15,4 Prozent der Belegschaft als Zwangsarbeiter, sind es im VW-Werk bereits 45,5 Prozent. Nach der frühzeitigen »Anwerbung« italienischer Arbeiter beschäftigt das Werk vom Winter 1941/42 an massenhaft Zwangsarbeiter, zunächst sowjetische Kriegsgefangene, seit dem Frühjahr 1942 auch andere Ostarbeiter.

Genau ein Drittel der zu diesem Zeitpunkt registrierten 5,7 Millionen ausländischen Zivilarbeiter sind Frauen – 1 924 912. Dabei zeigt sich: »Je niedriger in der politischen und rassistischen Hierachie der Nazis die einzelnen Ausländergruppen angesiedelt waren, desto höher war der Frauenanteil.«[50] Von den Frauen arbeiten viele als Hausmädchen. »Unsere Olga, eine Zwangsarbeiterin«, nach dem Krieg mag kaum jemand darüber reden, und noch weniger möchten es glauben: »Eine Ostarbeiterin als Dienstmädchen – das war bürgerliches Statussymbol zu erschwinglichem Preis und zugleich sichtbarer Ausdruck einer quasi-kolonialen Gesellschaftsordnung.«[51] Für Hausfrauen, Bauern und Arbeiter »verkörperten ausländische Zwangsarbeiter die einzig handfeste Dividende des Sieges«,[52] denn »deutsche Familien mit bescheidenem Einkommen konnten sich plötzlich eine Rückkehr zum Dienstbotenhaushalt des neunzehnten Jahrhunderts leisten, nur daß jetzt statt eines deutschen Bauernmädchens eine folgsame polnische oder ukrainische Magd putzte oder sich um die Kinder kümmerte«.[53] Angehörige der Wehrmacht bringen sich von ihren Einsätzen in Osteuropa auf eigene Faust bei Fronturlauben Hausmädchen mit. Alfred Rosenberg, seit Mitte Juli 1941 »Reichsminister für die besetzten Ostgebiete«, bemüht sich darum, das im nachhinein zu legalisieren.

Schon bald zeigt sich, daß weitere Anwerbungen über örtliche Arbeitsämter nur wenig Resonanz finden. Die Zeiten, in denen sich Polen als Erntehelfer verdingten und Deutschland in recht guter Erinnerung hatten, sind vorbei. Die Rekrutierungspraxis ändert sich mit dem Verlauf des Krieges. Mit brutalen Methoden läßt Sauckel Ausländer verschleppen. Schließlich, vermerkt der Beauftragte im Januar 1943, seien ihm Ausländer »so gleichgültig wie irgend etwas, und wenn sie sich das geringste Vergehen im

Betrieb zuschulden kommen lassen, dann bitte sofort Anzeige an die Polizei, aufhängen, totschießen! Das kümmert mich gar nicht! Wenn sie gefährlich werden, muß man sie auslöschen.«[54] Auch in Weißrußland finden »immer wieder (...) Razzien oder regelrechte Treibjagden an bevölkerten Plätzen in den Städten – Märkten, Kirchen oder Kinos – statt«.[55] Das Vorgehen stößt sogar auf interne Kritik: »Es ist dringend erforderlich«, notiert ein Vertreter Rosenbergs bei der Heeresgruppe Süd, »daß erneut darauf hingewiesen wird, daß die Werbungen für das Reich nur auf freiwilliger Grundlage durchzuführen sind und daß bei Nichtbefolgung dieser Befehle die Schuldigen zur Verantwortung gezogen werden«.[56] Von 1943 an verschleppen die Deutschen die Bewohner ganzer Landstriche zur Zwangsarbeit ins Reich, »schließlich gingen die Werbekommandos der Wehrmacht und des GBA (Generalbevollmächtigter für den Arbeitseinsatz, d. Verf.) im Osten sogar zu systematischen Deportationen von Kindern über«.[57] Der Verlauf des Krieges trägt zunächst nicht dazu bei, die Lage der Opfer zu verbessern: »In deutlichem Kontrast zur innen- und außenpolitischen Propaganda in Deutschland seit 1943 nahmen Radikalismus und Brutalität der Rekrutierungen mit der Verschlechterung der militärischen Lage noch zu.«[58]

In dieser Hinsicht unterscheidet sich die deutsche Besatzungspolitik etwa in Norwegen und Dänemark deutlich von der in Polen. Statt Arbeitskräfte zu verschleppen, erweist es sich in Dänemark beispielsweise als »wirkungsvoller, die dänische Wirtschaft mitsamt all ihren Beschäftigten für deutsche Zwecke arbeiten zu lassen.«[59] Entsprechendes Begehr von Sauckel weiß der Reichsbevollmächtigte in Dänemark, Werner Best, abzuwehren: Best »mußte nur den deutschen Ernährungsminister alarmieren und darauf hinweisen, daß in der dänischen Landwirtschaft sowieso schon mehr als 30 000 Arbeitskräfte fehlten und eine Zwangsrekrutierung von Arbeitern nach Deutschland die Agrarexporte in kürzester Zeit rapide senken würde«.

Manche deutsche Unternehmen richten in den von der Wehrmacht besetzten osteuropäischen Ländern schließlich eigene Rekrutierungsbüros ein. Der Rüstungskonzern Krupp versucht seit Ende 1941 selbst, Arbeiter aus dem Ausland nach Essen zu holen. Auch der bis heute als politisch unbedarft geltende Konstrukteur Ferdinand Porsche bemüht sich intensiv um ausländische Arbeitskräfte für das von Hitler besonders geförderte Volkswagenwerk. Etwa im März 1944: Porsche spricht bei Himmler vor, um weitere Häftlinge aus Konzentrationslagern zu bekommen, die bei der bevorstehenden Verlagerung in die Untertageproduktion eingesetzt werden sollen. Ende Mai schickt das Werk dann den Betriebsingenieur Arthur Schmiele nach Auschwitz, um Arbeitskräfte zu rekrutieren. »Das war nichts Ungewöhnliches«, schreiben Mommsen und Grieger, »vielmehr war seit Mitte 1944 die Beteiligung von Vertretern der Unternehmen an der Auswahl der Häftlinge die Regel.«[60]

Schließlich steht aus Sicht der Unternehmen viel auf dem Spiel – noch im Krieg werden die Karten für die Zukunft der Firmen gelegt. Um den Sprung unter die Unternehmen der Großrüstung zu schaffen, ist die Leitung des Volkswagenwerks »die Verantwortung für die Ausbeutung von Zwangsarbeitern aus den besetzten Ostgebieten bewußt eingegangen«.[61]

Partisanen, ausgesondert für das Programm Zwangsarbeit

Die immer brutaler werdenden Zwangsanwerbungen von osteuropäischen Arbeitern führen dazu, daß sich immer mehr Menschen den örtlichen Partisanenbewegungen anschließen. Angesichts des stetig akuter werdenden Mangels an Arbeitskräften nutzen die Nationalsozialisten die Verfolgung der Kämpfer zur Rekrutierung von Arbeitskräften: Sie machen schließlich sogar »die Gewinnung von Arbeitskräften (...) zu einem Hauptzweck der Partisanenbekämpfung«.[62] Das heißt: Sie ändern 1943 ihre Strategie und zielen fortan nicht mehr allein darauf, Partisanen zu ermorden, sondern sie wollen sie – ausgemustert unter dem Aspekt der Arbeitsfähigkeit – ins Deutsche Reich verschleppen. Im besetzten Weißrußland zeigt sich die Krise im Hinblick auf die Rekrutierung und den Arbeitseinsatz im Herbst 1942 deutlich: »Erst daraus ergab sich für die Besatzungsverwaltung die Notwendigkeit, bei Antipartisanenaktionen systematisch und in großem Maßstab Arbeitskräfte förmlich zu jagen.«[63]

Das Deutsche Reich stützt seine Kriegsproduktion zu diesem Zeitpunkt auf Massen von Zwangsarbeitern. Das betrifft nicht zuletzt die Konzentrationslager. Zur Unterbringung der Zwangsarbeiter schafft die SS Außenlager. VW steht von Ende Mai 1944 das Arbeitslager Laagberg zur Verfügung, ein Außenkommando des Konzentrationslagers Neuengamme. Aufnahmekapazität: 768 Häftlinge. Stellvertretender Lagerführer ist der SS-Unterscharführer Peter Callesen, ein unter den Häftlingen berüchtigter Aufseher: Er »verprügelte jeden, der in der Arbeit innehielt, sei es, um Luft zu schnappen, sei es, um eine Zigarette zu rauchen oder mit einem Kameraden ein Wort zu wechseln, wobei 25 Hiebe auf den Rücken oder Kopf das übliche Strafmaß darstellten«.[64] Selbst bei minus 25 Grad schickt Callesen Häftlinge in kaputten Schuhen auf die Baustelle. Doch ähnlich wie bei den Arbeits- und Erziehungslagern (AEL) trifft die Verantwortung für die menschenunwürdigen Lebensbedingungen der Zwangsarbeiter nicht die SS allein: »Daß der zivilen Seite, der Leitung des Volkswagenwerkes und ihren Vertragsfirmen, eine Mitverantwortung an den Vorgängen auf dem Laagberg zufiel, darf hinter den Verbrechen der SS nicht zurücktreten.«[65]

Mit der Errichtung der AEL »hatten sich Sicherheitspolizei, Arbeitsbehörden und Betriebe ein Instrument geschaffen, das das Repressionssystem gegenüber ausländischen Arbeitern perfektionierte und ohne juristische oder bürokratische Hemmnisse scharfe Bestrafungen zuließ«.[66] Die Existenz dieser Lager, in denen die deutschen wie ausländischen Häftlinge 56 Tage bleiben und täglich bis zu zwölf Stunden arbeiten mußten, »setzte bei den Betrieben und den Sicherheits- und Arbeitsbehörden neue Aktivitäten frei. Schon bei geringen Vergehen wurde Anzeige erstattet, die gemeldeten ›Disziplinwidrigkeiten‹ der Ausländer stiegen mit der Zahl der zur Verfügung stehenden Lagerplätze.«[67] Die AEL stehen unter der Regie der Staatspolizeistellen. Gestapo, Arbeitsämter, die Deutsche Arbeitsfront und die Reichsbahn weisen Häftlinge ein.[68] Von 1942 an errichten Firmen, die viele Zwangsarbeiter haben, auf ihrem eigenen Terrain solche Lager. Einem Erlaß Himmlers zufolge teilen sich Reich und private Unternehmer die Kosten für die AEL. So entwickelten sich die Arbeitserziehungslager »neben der ›Vorbeugungshaft‹ und der ›Schutzhaft‹ im Krieg zu einer dritten Kategorie der Präventivhaft«.[69]

Wenn Ukrainer aufbegehren

Der Krieg war noch nicht zu Ende. Die Frau, die partout anonym bleiben will, erinnert sich daran nicht mehr. Schließlich ist sie Anfang 1945 nicht einmal zwei Jahre alt. Auch an ihren Vater erinnert sie sich nicht mehr. Allenfalls von den Fotos, die sie bewahrt, könne sie sich ein Bild machen. Ein stattlicher Kerl. Als Gutsverwalter habe er für Gelsenberg gearbeitet. Für mehrere Domänen in der Nähe von Gelsenkirchen sei er damals verantwortlich gewesen. Das weiß sie von ihrer Mutter. Ob ihr Vater einen guten Ruf gehabt habe, wisse sie nicht. Aber selbstredend habe sie sich diese Frage in den vergangenen Wochen wieder häufiger gestellt. Wochen, in denen bei der 56jährigen wieder viele Fragen auftauchten. Ganz plötzlich, wenn sie wieder über die Zwangsarbeiter von damals gelesen hat. Jetzt drängt ins Gedächtnis zurück, was ihre Mutter ihr über den Vater hinterlassen hat. Über den Mann, der das Ende des Krieges nicht überlebt hat. Ein Ukrainer, sagt die Frau am Telefon, habe ihren Vater getötet.[70]

Deutsche fürchten die Rache der Zwangsarbeiter

Am 28. März 1945 erschießen im Stadtwald von Gelsenkirchen Kriminalpolizisten elf Ostarbeiter, Männer wie auch Frauen. Sie sollen Plünderer gewesen sein, und man wirft ihnen »Unterstützung von Banden« vor. Den Nationalsozialisten ist völlig klar, daß sie von Racheakten ausgehen können: Seit Beginn des Ausländereinsatzes rechnen sie »fest mit organisierten Aufstandsversuchen der Fremdarbeiter und Kriegsgefangenen«.[71] Die größte während des Krieges von der Gestapo entdeckte Widerstandsbewegung unter den Fremdarbeitern heißt »Brüderliche Zusammenarbeit der Kriegsgefangenen«. Am 4. September 1944 erschießen Deutsche fast 100 russische Kriegsgefangene und Fremdarbeiter im Konzentrationslager Dachau, die diesem Zusammenschluß angehören.[72] In den letzten Monaten des Krieges geht die Gestapo radikal gegen Ausländer vor: »Die Zunahme der Plünderungen, die häufige Unterbrechung der Nachrichtenwege nach Berlin, die sich verschlechternde militärische Lage Deutschlands und die sich nach dem Attentat auf Hitler verschärfende Repressionspraxis der

Sicherheitsbehörden führten im Herbst 1944 zu einer Änderung: Anfang November 1944 gestattete das RSHA den einzelnen Gestapostellen per Erlaß, selbständig Exekutionen ausländischer Arbeiter – zunächst nur von Ostarbeitern und Polen, später auch von Westarbeitern – anzuordnen und durchführen zu lassen.«[73] Ende März 1945 sind die Gefängnisse der Gestapo mit festgenommenen »Ostarbeitern« überfüllt.

Über den Widerstand der Zwangsarbeiter ist wenig bekannt. Zur »Brüderlichen Zusammenarbeit« gehört Paul Timor alias Pawel Jestawjewitsch Burlatschenko. 1905 in der Ukraine geboren, arbeitet er zunächst als Ingenieur in der Moskauer Farbenindustrie, wird aber gleich bei Kriegsbeginn von der Armee einberufen und kurze Zeit später von den Deutschen gefangengenommen. Timor kommt nach Essen: Der Kriegsgefangene muß sich als Hilfsarbeiter in den Dienst der Firma Krupp stellen. Von dort aus organisiert er das »Kampfbündnis gegen den Faschismus« – eine Organisation des Widerstands unter Zwangsarbeitern: »Er forderte die Mitbürger auf, die Kriegsproduktion zu sabotieren und sich der Erfüllung der Anweisungen von Meistern und Aufsehern zu entziehen.«[74] Die Gestapo nimmt Timor fest und steckt ihn in ein Gefängnis. Dort kann er sich im März 1945 nach einem Bombenangriff selbst befreien. Timor geht nach Moskau zurück und gerät in heute nicht mehr aufzuklärende Verstrickungen. Moskauer Ermittler nehmen ihn fest. Im August 1947 verurteilt man ihn zu 15 Jahren Gefängnis und Besserungsarbeitslager. Ein Urteil, das erst zehn Jahre später aufgehoben wird. Im März 1962 stirbt er. Entschädigung für die erlittene Pein hat Timor nie bekommen.

Den rückkehrenden Zwangsarbeitern und Kriegsgefangenen schlägt Argwohn entgegen. Von den insgesamt 5,2 Millionen Heimkehrern, die in der Sowjetunion repatriiert werden sollen, sind 1,8 Millionen ehemalige Kriegsgefangene, 3,4 Millionen Zivilisten. Sie müssen »›Überprüfungs- und Filtrierlager‹ durchlaufen, in denen sich ihr weiteres Schicksal entschied«.[75] Zumeist gelten sie als Kollaborateure und werden als Verräter diskriminiert.

Hans Frankenthal legt sich mit der IG Farben an

Nach dem Ende des Krieges erhält Hans Frankenthal von der IG Farben 5000 Mark Entschädigung. Aus einem Fonds, den das Unternehmen, besser gesagt: der in einer Liquidationsgesellschaft verbliebene Rest des Konzerns, mit der Jewish Claims Conference ausgehandelt hat. Die Vereinbarung geht zurück auf einen Prozeß, den Norbert Wollheim, 1943 von Auschwitz aus an das Bunawerk als Zwangsarbeiter ausgeliehen, beim Frankfurter Landgericht angestrengt hat. Diese Instanz gibt Wollheim 1953 überraschend recht. Die IG Farben ruft das Oberlandesgericht zur Revision an, die Richter legen beiden Parteien nahe, einen Vergleich zu suchen. Die Abwicklungsgesellschaft zeigt sich zu Gesprächen bereit. Doch die Verhandlungen mit der Jewish Claims Conference schleppen sich hin, bis 1957 doch noch ein Abkommen zustande kommt – 30 Millionen Mark sagt die IG Farben für ehemalige Zwangsarbeiter zu.

Die Claims Conference übernimmt die Verteilung des Geldes: Wer bis zu sechs Monaten in den Bunawerken geschuftet hat, bekommt 2500 Mark, wer dort länger zur Arbeit gezwungen worden ist, das Doppelte. Die Erfolge ermutigen die Claims Conference, in den kommenden Jahren auch Forderungen an andere Konzerne zu richten. Und zwar direkt, denn die Erfahrung mit Gerichtsverfahren zeigt, daß diese langwierig und von ungewissem Ausgang sind – eine weitere Klage gegen IG Farben, die eine Gruppe polnischer Zwangsarbeiter anstrengt, weist das Oberlandesgericht ab.[76]

Das Abkommen mit IG Farben jedoch hat weitreichende Folgen, denn die Liquidationsgesellschaft verlangt, daß mit diesen Zahlungen alle Ansprüche als erledigt zu betrachten seien. Der Bundestag verschafft der IG Farben die verlangte Rechtssicherheit – ein »Gesetz über den Aufruf der Gläubiger der IG Farbenindustrie AG in Abwicklung« schreibt fest, daß alle Forderungen gegen das Unternehmen bis zum 31. Dezember 1957 angemeldet sein müssen. Dafür läßt der Gesetzgeber sechs Monate Zeit. Danach kann die Sache als erledigt betrachtet werden. Zumindest für die kommenden vier Jahrzehnte. Bis dahin bleibt der weitaus größte Teil der ehemaligen Zwangsarbeiter von jeglicher Kompensation ausgeschlossen.

Daß Frankenthal 5000 Mark bekommt, ist ein Zufall. Denn Frankenthal gehört zu denen, die nach dem Krieg im Westen bleiben. Er kehrt ins Sauerland zurück. Frankenthal empfindet die erneute Ausgrenzung der Opfer, die sich nach dem Leidensweg in ihre Heimatländer jenseits der deutschen Ostgrenze zurückziehen, als ungerecht. Auf der Seite der kritischen Aktionäre setzt er sich auf den Jahreshauptversammlungen der IG Farben in Abwicklung dafür ein, auch die Zwangsarbeiter in osteuropäischen Ländern endlich zu entschädigen. Seine Forderungen finden jedoch über Jahrzehnte hinweg wenig Gehör. Immerhin verspricht die Liquidationsgesellschaft pünktlich zur Jahreshauptversammlung 1999 und unter dem inzwischen mit der Entschädigungsdebatte auf die deutsche Industrie gewachsenen Druck, einen internen Fonds für ehemalige Zwangsarbeiter zu schaffen.

Bei dieser Jahreshauptversammlung ist auch Frankenthal zugegen. Der Vorsitzende des Aufsichtsrats, der Bremer Rechtsanwalt Ernst Krienke, raunzt ihn nach einem Zwischenruf an, er möge den Mund halten. Frankenthal aber setzt sich wieder energisch zur Wehr. Als für einen Moment lang die Verstärkeranlage ausfällt, schleudert er Krienke entgegen: Wahrscheinlich »sind an dem Stromausfall auch noch die Juden schuld«.

Selbst wenn Krienke mit Frankenthal überhaupt nichts anzufangen wußte, ist er ihm doch offensichtlich in Erinnerung geblieben. Ein Jahr später tagt wieder die Hauptversammlung in Frankfurt am Main, ist die Firma also noch immer nicht abgewickelt, erhebt sich erneut Protest, wohnt auch der Bremer Rechtsanwalt wieder dem Procedere als oberster Aufseher des Unternehmens bei. Zwischenrufern, die sich wieder lautstark für die Belange der Opfer einsetzen, begegnet Krienke mit Entschiedenheit: »Herr Frankenthal, bitte ...«

Hans Frankenthal ist zu diesem Zeitpunkt bereits ein halbes Jahr tot.

Viertes Kapitel
Die Verhandlungen zur Entschädigung von Zwangsarbeitern

Es ist spät und für November viel zu kalt. Noch immer warten einige Journalisten darauf, etwas Konkretes zum aktuellen Stand der Dinge zu erfahren. Aus der Distanz, ferngehalten von Beamten des Bundesgrenzschutzes, beobachten sie, wie sich auf dem langen Flur hinter der gläsernen Fassade des Auswärtigen Amtes in Bonn Vertreter der an diesen Verhandlungen beteiligten Parteien zusammenfinden, offensichtlich, um abseits des Plenums noch über das eine oder andere Detail zu sprechen. Inzwischen geht es auf 22 Uhr zu. Noch immer ist nicht klar, ob die Strategie des »großen Drucks im kleinen Kreis«, die sich der Unterhändler der Bundesregierung, Otto Graf Lambsdorff, für diese Verhandlungsrunde vorgenommen hat, etwas zutage fördern wird: Lambsdorff will die Beteiligten bei den Unterredungen in Bonn in immer wieder neuen Konstellationen an einen Tisch bringen, um die inzwischen von allen Parteien als lästig empfundenen Verhandlungen endlich zu einem Ende zu bringen. Schließlich hatte die Bundesregierung unter Gerhard Schröder (SPD) schon einmal eine Frist in dieser Angelegenheit verschieben müssen, die ein Signal hatte setzen sollen: Vorgenommen hatte sich die rot-grüne Berliner Regierungskoalition ursprünglich, am 1. September 1999, zum 60. Jahrestag des Überfalls der Wehrmacht auf Polen, endlich mit Entschädigungszahlungen an ehemalige Zwangsarbeiter beginnen zu können.

Den Tag über hat sich an diesem 16. November 1999 immer mal wieder ein Teilnehmer der Konferenz blicken lassen und wortkarg Auskunft gegeben, währenddes er auf seinen Fahrer oder das nächste Taxi wartete. »Wir wollen zu einer Einigung kommen«, sagt Bobby Brown. Er ist Repräsentant der israelischen Regierung und lobt die Bundesregierung: »Berlin ist umgänglich und kooperativ.« Es gebe Zeichen, die sie als vielversprechend bezeichnen würde, berichtet Alissa Kaplan, die Sprecherin der Jewish Claims Conference mit Sitz in New York. »Zehn Milliarden«, posaunt der US-amerikanische Anwalt Edward Fagan irgendwann am Nachmittag heraus, zehn Milliarden Mark seien jetzt im Topf. »Zweistellig«, fügt Fagan erleichtert hinzu, und seine Geste verweist auf einen nahen Sieg – zweistellig, so wie er es immer als Minimum angesetzt hatte. Der symbolische Betrag sei erreicht.

Davon könne keine Rede sein, stellt sein Kollege Michael Hausfeld klar. Hausfeld kann Fagan nicht leiden. Hausfeld hält Fagan für einen Trittbrettfahrer, couragiert zwar, aber eigentlich ohne eigene Ideen. Die Industrie bewege sich nicht, sagt Hausfeld, die Manager seien schwerfällig und bereiteten ihm Kopfzerbrechen. Eine Prognose über den weiteren Verlauf der Verhandlungen wage er deshalb lieber nicht.

Hausfeld wirkt in sich gekehrt. Er hat genug für heute. Nach einem langen Tag will er ins Hotel, Ruhe finden und mit seinen Mitarbeitern eine Strategie für morgen früh abstimmen. Hausfeld weiß genau: Die Verhandlungen haben an diesem kalten Novembertag einen Punkt erreicht, an dem sich wahlweise ein baldiges Ende erreichen läßt oder sie aber gänzlich kippen können. Ausschließen will er zu diesem Zeitpunkt gar nichts. Doch momentan gibt es für den Rechtsanwalt aus Washington, D. C., vor allem eine Maxime: Die wenigen an den Verhandlungen beteiligten Unternehmen der deutschen Industrie will er nicht aus dem entlassen, was diese selbst Verantwortung nennen.

Auch Wladimir Gerassimowitsch ist ausgesprochen skeptisch. Keinen Schritt hätten sich die Vertreter der deutschen Industrie bewegt, sagt der Leiter der weißrussischen Delegation am späten Abend, als die zahlreichen Kamerateams ihren Standort vor der Einfahrt zum Auswärtigen Amt längst aufgegeben haben. Gerassimowitsch, ein traurig aussehender Mann, macht aus seiner Enttäuschung keinen Hehl. Zwar sei inzwischen von der deutschen Regierung und von seiten der Industrie anerkannt, daß bei den Verhandlungen auch die zunächst unerwünschten Repräsentanten osteuropäischer Stiftungen für NS-Opfer mittlerweile mit am Tisch sitzen, doch Gehör fänden ihre Forderungen nach wie vor nicht. Er gehe nicht davon aus, am nächsten Tag mit Ergebnissen nach Hause fahren zu können, setzt Gerassimowitsch hinzu. Zu weit lägen die Vorstellungen der Parteien noch auseinander. Er hätte – »offen gestanden« – von dieser Reise nach Deutschland mehr erwartet. Momentan deute eher alles darauf hin, daß die Gespräche abgebrochen und auf einen zunächst unbestimmten Zeitpunkt vertagt würden. Denn weder habe die deutsche Industrie signalisiert, ihre Einlage in den Entschädigungstopf erhöhen zu wollen, noch gebe es Einigkeit über Entschädigungszahlungen an die zahlreichen in der Landwirtschaft beschäftigten Zwangsarbeiter. Das aber sei für die meisten osteuropäischen Delegationen inakzeptabel, fügt Gerassimowitsch noch hinzu – wie sollten sie ihren Leuten zu Hause beibringen, daß Zwangsarbeit bei Bauern nicht entschädigt werden soll. Eine weitere Verzögerung der Verhandlungen aber könne eigentlich nicht im Interesse der jetzt erstmals nach dem Ende des Zweiten Weltkriegs überhaupt in das Blickfeld des öffentlichen Interesses gerückten Opfer sein. Es müsse auf jeden Fall ein Ergebnis geben, betont der sichtlich ermattete weißrussische Delegationsleiter und fügt hinzu: »Schließlich sind die Menschen bei uns alt.« Und, sagt Wladimir Gerassimowitsch noch, und denen, die noch nicht gestorben sind, zumindest denen sollte doch nicht länger eine Anerkennung ihrer Leiden versagt werden. Darauf hätten sie schließlich mehr als fünf Jahrzehnte gewartet.

Mehr als ein halbes Jahr später gehören Wladimir Gerassimowitsch, Edward Fagan und Michael Hausfeld zu denen, die am 17. Juli 2000 in Berlin eine Abschlußerklärung unterzeichnen. Sie steht zugleich am Ende der Verhandlungen und am Beginn des Entschädigungsfonds.

Eine Bundestagsdebatte über Entschädigung

»Meine Damen und Herren von der Regierungskoalition«, wendet sich die Grüne Antje Vollmer am 28. September 1989 im Bundestag mit einer Empfehlung an die Vertreter des von Bundeskanzler Helmut Kohl gelenkten Bündnisses von Union und FDP: »Sie sollten einmal das Buch ›Lohn des Grauens‹ von Benjamin Ferencz lesen, um zu sehen, wie entsetzlich es war, wenn einzelne versucht haben, ihr Recht durchzusetzen, und dabei immer wieder im Nichts gelandet sind.«[1]

Ferencz hatte das 1981 erschienene Buch bereits Jahre zuvor verfaßt. Es handelt von den Ansprüchen auf Entschädigung ehemaliger jüdischer Zwangsarbeiter. Ferencz, von 1946 an Ankläger im Nürnberger Verfahren gegen die Einsatzgruppen der SS und später Mitglied der jüdischen Delegation bei den Wiedergutmachungsverhandlungen mit der Bundesregierung, wollte darstellen, »wie Menschen mit dem Leiden umgehen, das sie anderen Menschen angetan haben«,[2] und zugleich den Blick lenken auf ein nach wie vor »offenes Kapitel deutscher Nachkriegsgeschichte«.

Vier Jahrzehnte nach der Verabschiedung des Grundgesetzes, darauf beharrt die Bündnisgrüne Vollmer in der Debatte des Parlaments, gehe es »im Grunde nur noch um eine symbolische Entschädigung, allerdings mit einem ökonomischen Kern«. Schließlich seien die Opfer, die nach Ende des Kriegs in ihre Heimatländer in Osteuropa zurückgekehrt seien, von jeglichen Entschädigungszahlungen durch rigide gezogene Kriterien ausgeschlossen worden. Jetzt komme es darauf an, daß der Bundestag erkläre: »Zwangsarbeit war NS-Unrecht und begründet damit einen Anspruch auf Entschädigung.«[3] Ihre Partei trete daher, unterstützt in diesem Punkt von Teilen der SPD, dafür ein, für diese Opfer des Nationalsozialismus eine »Stiftung für Zwangsarbeit« zu schaffen, wie sie der SPD-Abgeordnete Uwe Lambinus in die Debatte des Parlaments bringt: Eine solche Stiftung soll unbürokratisch und schnell den Opfern helfen, damit die sich mit dem Geld womöglich noch etwas anderes leisten könnten als die Finanzierung ihrer Trauerfeier. »Hören wir auf«, fordert Lambinus schließlich, »das, was wir tun müssen, länger zu vertagen und vor uns herzuschieben, nur weil es später billiger wird«[4] – die beiden Oppositionsparteien wollen sich nicht länger auf die Ausschüsse vertrösten lassen, sie haben das Spiel auf Zeit endgültig satt.

Das Stiftungsmodell zielt auch darauf, die Verantwortung für Entschädigungszahlungen aus dem Einflußbereich des zu diesem Zeitpunkt von dem CSU-Politiker Theo Waigel geleiteten Bundesfinanzministeriums zu nehmen. Für den von der Regierung Kohl 1988, einer »Schlußgeste« gleich, aufgelegten Härtefonds gebe es überaus rigide Kriterien bei der Vergabe der Mittel, so daß kaum ein Opfer überhaupt für Zahlungen in Frage komme. Mit dem Härtefonds«, hält der SPD-Bundestagsabgeordnete Waltemathe der Waigelschen Behörde in der Debatte des Parlaments vor, entstehen »wieder neue Härten, so werden Verfolgte erneut zu Opfern gemacht, nur dieses Mal zu Opfern der neuen restriktiven Regelungen«.[5] Waltemathe rechnet vor: 1988 seien 1369 Anträge auf einmalige Beihilfe und 353 Anträge auf laufende Beihilfe eingegangen. Bei den Einmalzahlungen hätten die Beamten in 916 Fällen Zahlungen in Höhe von 5000 Mark genehmigt. Die meisten dieser Anträge wären sicherlich auch nach früheren Kriterien genehmigt worden, gibt der SPD-Politiker zu bedenken. Bei regelmäßigen Beihilfen aber seien gerade mal zehn Anträge bewilligt worden, das entspreche 2,8 Prozent. Insgesamt seien 1988 nur 1,6 Millionen Mark aus dem Härtefonds ausgegeben worden, der für mehrere Jahre mit insgesamt 300 Millionen Mark ausgestattet ist.

Die Opposition ist empört. SPD und Grüne befürworten zwar die Einrichtung des Härtefonds, werfen der Regierung Kohl aber vor allem vor, um jeden Preis eines vermeiden zu wollen – für die Opfer ein Präjudiz zu schaffen. Der Parlamentarische Staatssekretär im Bundesfinanzministerium, Carstens, bringt es während der Debatte des Bundestags noch einmal deutlich zur Sprache: »Die Konsequenz solcher Regelungen, wie die Opposition sie fordert, wäre eine bevorzugte Behandlung der Geschädigten, die erst jetzt Ansprüche geltend machen, gegenüber den weit über eine Million Geschädigten, die nach den gesetzlichen Vorschriften rechtzeitig Entschädigung beantragt hatten, und gegenüber den inzwischen mehr als 100 000 Geschädigten, die Leistungen nach den 1980, 1981 und 1988 erlassenen Richtlinien erhalten haben. Das wäre grob ungerecht.«[6]

Mögliche Präjudizien aber, zumal auf dem Hintergrund der zu diesem Zeitpunkt keineswegs absehbaren Umbrüche in Osteuropa, könnten der tiefen Sehnsucht nach Normalität noch für längere Zeit im Wege stehen. Die SPD-Abgeordnete Renate Schmidt bringt das schließlich mit großer Nachdenklichkeit auf den Punkt: »Wir wollen nicht, daß es diese Opfer noch gibt, wir wollen ihre Opfereigenschaft und ihre Verfolgteneigenschaft schlicht und einfach wegreden.«[7]

Diese Debatte macht noch einmal deutlich: Entschädigungszahlungen an ehemalige Zwangsarbeiter bleiben eine Frage des politischen Willens. Denn die völkerrechtlichen Vorgaben lassen sich weiterhin unterschiedlich interpretieren. So kam der Berner Professor Diemut Majer Anfang 1990 in einer Expertise für den Deutschen Bundestag zu dem Schluß, »daß Entschädigungsansprüche für ehemalige NS-Zwangsarbeiter aus völkerrechtlichen Grundsätzen wegen des Reparationsaufschubs der westlichen Seite und des Reparationsverzichts der östlichen Seite nicht hergeleitet werden können«.[8] Damit stellt der Jurist zunächst bewährte Positionen dar: Ohne Friedensvertrag keine Reparationen. Washington stützt diese Perspektive während der gesamten Nachkriegszeit, denn während des kalten Kriegs hatte keine US-Regierung ein Interesse daran, daß von Bonn aus Geld in den Ostblock fließt. Doch Majer will damit keineswegs den Schlußpunkt unter seine eigenen Erwägungen setzen. Er geht vielmehr weiter und schlägt vor, auch juristisch weitere Überlegungen anzustellen. Denn es dränge sich doch die überaus bedeutende wie weitreichende Frage auf, »ob hier nicht eine neue Qualität völkerrechtlicher Delikte entstanden ist, die im Völkerrecht noch keine ausreichende ›Verarbeitung‹ gefunden hat«. Denn schließlich war »die Zwangsarbeit im Zweiten Weltkrieg an Umfang, Durchführung, Intensität und Schadensumfang etwas völlig Neues (…) und (hat) dem Deutschen Reich und seiner Wirtschaft Milliardenwerte in bisher unbekannter Höhe zugeführt«.

Eine Sichtweise, die der Debatte in den kommenden Jahren mit unterschiedlichen Konjunkturen eine neue Perspektive verleihen sollte.

**Nachhaltige Vorgaben –
Volkswagen und Siemens zahlen auf eigene Faust**

Parlamentarische Initiativen in einem von der CDU/CSU dominierten Bundestag aber bringen einstweilen nichts. Dennoch ist Klaus von Münchhausen Mitte 1998 auf einmal optimistisch. Seit Jahren setzt sich der wissenschaftliche Mitarbeiter der Universität Bremen bereits für die Belange der Zwangsarbeiter ein und bringt ihre Ansprüche, finanziell unterstützt von einem anonym bleibenden Mäzen, vor Gericht. Noch fünf Jahre zuvor mahnte von Münchhausen an, »es ist höchste Zeit, die noch lebenden Zwangsarbeiter zu entschädigen«.[9] Doch nichts passierte. Bis hin zu ebendieser Frist, die er als Generalbevollmächtigter von 30 ehemaligen Zwangsarbeitern von Volkswagen schließlich dem Automobilkonzern setzt: Geschehe bis zum 31. Juli 1998 nichts, müßten die Autobauer mit einer Klage rechnen.

Dann aber ist plötzlich alles anders. Es passiert etwas. VW kündigt an, einen Hilfsfonds für ehemalige Zwangsarbeiter aufzulegen. Details werden zunächst nicht bekannt. Vorerst ist der Aufsichtsrat gefragt. Die Zusage für den Hilfsfonds kommt offensichtlich nach Unterredungen mit der Landesregierung in Hannover zustande, die nach der Fristsetzung mit von Münchhausen gesprochen hat. Niedersachsen hält rund 20 Prozent der Anteile bei VW und ist zu diesem Zeitpunkt durch Ministerpräsident Gerhard Schröder und Innenminister Gerhard Glogowski (beide SPD) im Aufsichtsrat vertreten. Mit der Zusage des Konzerns »ist etwas in Gang gekommen«, sagt von Münchhausen. Derweil sehen sich zwei weitere Firmen mit ähnlichen Forderungen konfrontiert: Etwa 100 dänische Zwangsarbeiter haben von Münchhausen damit beauftragt, sich um ihre Belange zu kümmern. Sie hatten als Häftlinge des Konzentrationslagers Neuengamme während des Krieges bei dem Baukonzern Hochtief und dem Batteriehersteller Varta arbeiten müssen. Auch mit diesen Unternehmen gehe es jetzt darum, Optionen für einen außergerichtlichen Weg auszuloten, betont von Münchhausen.

Der Elektronikkonzern Siemens folgt dem Beispiel von VW. Im September kündigt das Unternehmen an, ebenfalls einen firmeninternen Hilfsfonds schaffen zu wollen. 20 Millionen Mark stünden dafür zunächst bereit, reiche das nicht, hebt ein Sprecher des Unternehmens hervor, werde der Fonds eben aufgestockt. Siemens hatte 1944 nach eigenen Angaben insgesamt 250 000 Mitarbeiter, 50 000 von ihnen seien Nicht-Deutsche gewesen. Unter ihnen könnten dem Unternehmen zufolge 20 000 Zwangsarbeiter gewesen sein. »Für humanitäre Zwecke« habe das Unternehmen bereits 1961 an die Jewish Claims Conference 7,2 Millionen Mark überwiesen. »Humanitäre Geste, humanitärer Fonds, humanitäre Zwecke« – wie auch immer die Kommunikationsabteilungen jetzt plötzlich mögliche Zahlungen an frühere Zwangsarbeiter deklarieren, sie meiden stets den Gebrauch des Terminus Entschädigung. Denn der wiederum klingt nach Reparationen. Und die hat man nach 1945 – nicht zuletzt aufgrund der Erfahrungen von Weimar – bis dahin bewußt ausgespart. Während des Krieges seien den Unternehmen »unter Androhung von Sanktionen Produktionsauflagen gemacht worden«, darauf besteht Siemens: »Im Rahmen eines staatlichen Programmes« hätten die Firmen auf Zwangsarbeiter zurückgreifen müssen.

Volkswagen und Siemens heben im Zusammenhang mit ihren internen Fonds noch einmal hervor, was der Rüstungs- und Maschinenbaukonzern Diehl bereits im Mai 1998 betont hatte, als er Zahlungen an ehemalige

Zwangsarbeiter versprach: Das Unternehmen leiste keine Entschädigungszahlungen. Diese seien Aufgabe des Staates. Bei den Überweisungen an die Betroffenen, die während des Krieges für Diehl in Langenbielau und in einer Munitionsfabrik in Peterswaldau hatten arbeiten müssen, handele es sich allein um humanitäre Gesten, zu der sich das Management aus Verantwortungsgefühl bereit finde, nicht aber vor dem Hintergrund eines Eingeständnisses von Schuld: Mit den in Aussicht gestellten, aber öffentlich nicht bezifferten Zahlungen »tragen wir der menschlichen Verantwortung Rechnung, die wir als Familienunternehmen in diesem Fall besonders empfinden«. Der in Nürnberg, dem Standort des Unternehmens, umstrittene Seniorchef der Firma Diehl, Karl Diehl, äußerte sich in einem offenen Brief zu den Vorwürfen, die gegen seinen Betrieb erhoben wurden: Sein Unternehmen sei von den Nationalsozialisten als »kriegswichtig« eingestuft worden, insofern sei er nur den von den NS-Herrschern vorgebrachten Forderungen an ihn gefolgt.

Innerhalb weniger Monate verändert sich die Lage. Manche Unternehmen kapieren das spät, aber noch rechtzeitig. In der jetzigen Situation ist es aus der Sicht von Münchhausens »entscheidend, wie sich der BDI verhält«. Hilfreich könnte ein »ermunterndes Wort« der Wirtschaftslobbyisten sein. Denn wenn »immer mehr Zwangsarbeiter aufwachen und zugleich mehr deutsche Firmen ihre Bereitschaft zeigen«, merkt von Münchhausen noch an, könnte die späte Zahlung entgangenen Lohns »zu einer Prestigefrage werden«.

Doch in der Kölner Zentrale des Bundesverbands der Deutschen Industrie beharrt man darauf, sich »in dieser Frage neutral zu verhalten«. Den Unternehmen würden keine Empfehlungen gegeben, stellt BDI-Justitiar Friedrich Kretschmer klar, diese Fragen »sollten sie selbst entscheiden«. Für »ziemlich ausgeschlossen« hält es Kretschmer, daß die betroffenen Unternehmen gemeinsam einen Fonds für ihre ehemaligen Zwangsarbeiter schaffen. Zunächst müßten die Firmen »... ihre eigenen Interessen prüfen«.

Beim BDI geraten Autobauer und Banken aneinander

Die Ukrainer sind auf dem Weg nach Bonn. Peter-Jochen Kruse nimmt sich ihrer an. Der Rechtsanwalt aus dem hessischen Maintal, seit Jahren mit den Ansprüchen auf Entschädigung ehemaliger Zwangsarbeiter aus dem früheren GUS-Staat befaßt, trifft die Delegation am Frankfurter Flughafen. Anfang November 1998, trotz des Schneetreibens, ist die Maschine pünktlich. Die Ukrainer haben keine Zeit zu verschenken. Sie suchen den Dialog mit der neuen Bundesregierung. Am Tag darauf in Bonn. Dort bittet der Verein »Gegen Vergessen – Für Demokratie« mit dem ehemaligen SPD-Vorsitzenden Hans-Jochen Vogel an der Spitze an einen runden Tisch.[10] Opferverbände aus Rußland, Weißrußland und der Ukraine sollen zu Wort kommen. Der Verein schafft diesen Opfern bereits seit Jahren ein öffentliches Forum – sein Bemühen reicht zurück in Zeiten, in denen Zwangsarbeiter in diesem Land noch als weithin unbekannte Wesen galten.

Igor Luschnikow weiß, was er in Bonn unbedingt loswerden will. So wie es bislang gelaufen sei, könne das auf gar keinen Fall weitergehen, gibt der Leiter der 1993 gegründeten Stiftung »Verständigung und Aussöhnung« zu bedenken. Die früheren Zwangsarbeiter aus der Ukraine fühlen sich ähnlich wie die meisten Opfer, die heute in anderen osteuropäischen Staaten leben, doppelt benachteiligt: Gemessen an den Zwangsarbeitern in den westeuropäischen Ländern seien sie bis vor fünf Jahren von jeglicher Hilfe ausgeschlossen gewesen, verglichen mit den zu diesem Zeitpunkt vor allem im Mittelpunkt stehenden jüdischen Opfern würden sie womöglich bei den jetzt geplanten Zahlungen erneut diskriminiert. Und dem deutschen Bundeskanzler, darauf besteht Luschnikow, will er deshalb das Versprechen abringen, daß sein Land ebenfalls an den Verhandlungen über einen Entschädigungsfonds beteiligt werden müsse.

Auch Makijan Demidow zeigt für »die ungerechte Behandlung« überhaupt kein Verständnis. Der Vorsitzende des ukrainischen Vereins ehemaliger NS-Häftlinge verlangt: »Unsere Leute müssen wie die westeuropäischen Zwangsarbeiter Entschädigung bekommen.« Von der Versöhnungsstiftung, die die Bundesregierung mit einmalig 400 Millionen Mark ausgestattet hatte, hätten die Zwangsarbeiter bisher einmalig jeweils rund 650 Mark erhalten. »Zu wenig«, das steht für Demidow außer Frage. Für ihn gehe es jetzt darum, die Frage zu klären, »was denn mit den Leuten ist, die damals bei Betrieben arbeiteten, die es inzwischen nicht mehr gibt, oder mit den vielen, die bei den Bauern schufteten«. Die Entschädigungskasse der Versöhnungsstiftung sei inzwischen leer. Ende des Jahres, schätzt Luschnikow, würden die Zahlungen von Kiew aus eingestellt. Daher setzen die Opferverbände jetzt auf die neue deutsche Regierung. Sie hoffen auf eine Bundesstiftung für Zwangsarbeiter. Über ein solches Projekt hat Bundeskanzler Gerhard Schröder vor wenigen Tagen erstmals mit führenden Vertretern der deutschen Industrie gesprochen. An entsprechenden weiteren Überlegungen, das findet Demidow nur recht und billig, »wollen wir beteiligt werden«.

Wenige Tage, bevor die Ukrainer nach Bonn reisen, eröffnen sich für die einst von den Nationalsozialisten Geschundenen plötzlich neue Aussichten auf Entschädigung. Über die Details hat die rot-grüne Regierungskoalition zwar noch nicht geredet. Fest steht aber, sagt der bündnisgrüne Rechtspolitiker Volker Beck: Gemeinsam mit der Industrie wolle die Bundesregierung eine Stiftung schaffen, die künftig an ehemalige Zwangsarbeiter Entschädigung zahlen soll. »Jawohl, Entschädigung«, unterstreicht Beck. So hätten es die Koalitionäre festgeschrieben. So sei es ja schließlich vor der Bundestagswahl versprochen worden. Und so werde es auch im Koalitionsvertrag fixiert.

Entschädigung ist ein Wort, das deutsche Manager bislang nur aus den Urteilen US-amerikanischer Gerichte gegen multinational agierende Tabakkonzerne kennen. Entschädigung sei Sache der Bundesregierung, schließlich sei die Bundesrepublik Rechtsnachfolgerin des sogenannten Dritten Reiches. Vielleicht eine humanitäre Geste – aber Entschädigung, niemals werde man ein solches Faß aufmachen, hieß es unisono in den Vorstandsetagen. Für die Haltung der Konzerne spielte immer wieder auch das Argument eine Rolle, nicht die Unternehmen hätten Zwangsarbeiter angefordert, sondern die SS habe den Betrieben diese Arbeitskräfte geradezu aufgezwungen. Außerdem habe Zwangsarbeit im NS-Staat eine solche Größenordnung angenommen, daß Entschädigungszahlungen die Unternehmen schlicht überfordern würden.

Eine Ansicht, die auch das Bundesfinanzministerium früheren Initiativen von SPD und Grünen im Bundestag entgegengehalten hatte: Eine Stiftungslösung sei »eine nicht vertretbare Belastung« für die öffentlichen Kassen, stellte 1996 die damalige Staatssekretärin im Waigel-Ministerium, Irmgard Karwatzki, klar. Allein die Zahl der Opfer in Polen und in den Nachfolgestaaten der ehemaligen Sowjetunion »beträgt vermutlich mehrere hunderttausend«. Damit ergäbe sich ein Finanzbedarf von mehreren Milliarden Mark allein für den Bund. Und außerdem – mehr als fünf Jahrzehnte nach dem Ende des Krieges, schrieb Karwatzki in einem Bericht an den Innenausschuß des Bundestags, sei es »eher zweifelhaft, ob eine heute bestehende individuelle Notlage auf eine nationalsozialistische Unrechtsmaßnahme zurückzuführen ist«.

Zwei Jahre später stellt sich die Lage ganz anders dar. Für die neue Bundesregierung ist es geradezu von nationalem Interesse, Schaden von der deutschen Wirtschaft abzuwenden. Und der droht in den USA: Die Sammelklagen von NS-Opfern setzen dem Image der Unternehmen zu, plötzlich wackelt die Seriosität, stehen angestrebte Fusionen auf dem US-Markt zur Disposition: Die Firmen müssen damit rechnen, daß die Aufsichtsbehörden möglicherweise ein Veto einlegen. Kurzum – die Angelegenheit ist von äußerster Sensibilität.

Nun könnte man für einen Moment zumindest vermuten, daß das gemeinsame Interesse, die geschäftsschädigenden Sammelklagen loszuwerden, verschiedene Firmen auf einen Nenner bringen könnte. Doch über die Frage, ob es freiwillige Zahlungen an ehemalige Zwangsarbeiter geben sollte, zerstreitet sich die Industrie heillos. Das macht eine Sitzung deutlich, die der Bundesverband der Deutschen Industrie (BDI) Mitte September 1998 anberaumt – Nachdenken über Strategien. Nach dem Gespräch ist nur klar: Eine gemeinsame Strategie wird es zumindest vorerst nicht geben. Während die Automobilbauer einen gemeinsamen Hilfsfonds favorisieren, wollen weniger export-orientierte Branchenvertreter davon nichts wissen. Hans-Olaf Henkel ist darüber dem Vernehmen nach ausgesprochen erbost. Das hat sich der Präsident des BDI offensichtlich anders vorgestellt. Die Lobbyisten setzen – nachdem sie lange Zeit gezögert haben – darauf, von den Unternehmen ein Mandat zu bekommen. Der BDI will das Projekt Hilfsfonds für ehemalige Zwangsarbeiter »moderieren«, sprich: Unternehmen und Bundesregierung an einen Tisch bringen. Denn Eile sei geboten. Der Verband verweist in diesem Zusammenhang bei den Beratungen auf das Beispiel Allianz: Bis sich der Versicherungskonzern kurz zuvor in New York mit Vertretern der Opfer darüber verständigt habe, individuelle Ansprüche aus während des Zweiten Weltkriegs unterschlagenen Policen zu prüfen, hätten sich in diesem Verfahren »die Kosten verzehnfacht«.

Der Konflikt verläuft exemplarisch zwischen BMW und Krupp. Die Autoproduzenten stehen für eher konsum-orientierte Branchen, der Stahlkonzern für traditionelle Bereiche der deutschen Industrie. Beide Konzerne sehen sich in den USA Sammelklagen gegenüber. Während das Münchner Unternehmen bekräftigt, an einer »zügigen Lösung« interessiert zu sein, um diese lästigen Forderungen loszuwerden, winkt der Essener Konzern ab: Bereits 1956 habe der Stahlproduzent zehn Millionen Mark an die Jewish Claims Conference bezahlt, heißt es von der Konzernspitze.

Der BDI bringt die Sache nicht weiter. Einstweilen läßt der Verband alles auf sich beruhen. Sich selbst als Medium anzubieten, ziehen die Lobbyisten nicht länger in Betracht.

Der neue Bundeskanzler macht die Angelegenheit zur Chefsache und die Nation zu einer Schicksalsgemeinschaft. Die Industrie lobt seinen politischen Instinkt. Schröder, sagt der Generalbevollmächtigte von Degussa-Hüls, Michael Jansen, habe gespürt – »das ist ein deutsches Problem«.[11] Aus seiner Zeit als Aufsichtsrat bei VW ist Schröder die Materie vertraut. Unmittelbar nach seiner Wahl trifft Schröder mit Vertretern der von Sammelklagen betroffenen Unternehmen zusammen und macht ihnen deutlich: Die Bundesregierung wolle »hilfreich für die deutsche Wirtschaft sein«. Ohne allerdings auf Details einzugehen, verständigen sich die rot-grünen Koalitionäre auf das Modell einer Bundesstiftung, über die die Entschädigungszahlungen abgewickelt werden sollen. Nach dem Treffen mit den Managern gibt Schröder zu Protokoll: Bundesregierung und Unternehmen sind an einer raschen Lösung des Problems interessiert. Mit seinen eigenen Erwartungen hält der Kanzler allerdings auch nicht hinter dem Berg: Die Bundesstiftung sollte im wesentlichen von den Konzernen finanziert werden.

Bodo Hombach sondiert von nun an das Feld. Der Kanzleramtsminister konzentriert sich dabei zunächst auf zwei Parteien, um deren Positionen im Vorfeld möglicher Verhandlungen abzustecken. Hombach konsultiert die US-Regierung und spricht mit führenden deutschen Managern. Er will die jeweiligen Erwartungen übermitteln. Washington ist daran interessiert, nach den Versicherungen, dem Raubgold und der im Dezember 1998 im State Department auf der Tagesordnung stehenden Raubkunst nun auch noch den Komplex offener Vermögens- und Entschädigungsfragen zu erledigen. Deutsche Führungskräfte wollen die Sammelklagen vom Hals haben und ein für allemal Rechtssicherheit erlangen, die weitere Ansprüche von seiten der Opfer unmöglich macht. An diesem Punkt ist die Regierung Bill Clintons gefragt.

Ende Oktober, die Bundesregierung ist gerade vereidigt, beruft Hombach eine Runde von Managern ein, die nach einem Modell suchen soll. Eingeladen in diesen Kreis sind die Chefs von DaimlerChrysler, Volkswagen, BMW und Siemens sowie von Deutscher und Dresdner Bank. Doch nach den ersten Unterredungen sieht es nicht so aus, als fänden die Beteiligten einen Konsens. Diesmal verläuft die interne Front allerdings anders als noch bei dem Treffen beim BDI. Die Autofirmen machen ganz deutlich, daß sie die beiden Großbanken nicht mit am Tisch haben wollen. Schließlich sei die Industrie mit den Ansprüchen ehemaliger Zwangsarbeiter konfrontiert, die Geldinstitute aber mit Forderungen, die sich auf Geschäfte mit Raubgold und sogenannte Arisierungen beziehen. Die Bundesregierung besteht allerdings darauf, die unterschiedlichen Forderungen in einen Topf zu packen, um endgültig alle Ansprüche von Opfern des Nationalsozialismus abzugelten. Dieses Beharren führt schließlich zu einem zentralen Konstruktionsfehler, an dem der Entschädigungsfonds im Laufe der Verhandlungen immer wieder zu scheitern droht. Denn absehen läßt sich bereits zu diesem Zeitpunkt: Unterschiedliche Interessen der verschiedenen Opfergruppen werden sich gegenüberstehen, wenn es darum geht, die Mittel des Fonds zu verteilen.

**Druck aus Washington –
Wenn wider Erwarten alle ganz lieb sind**

Eine gute Idee, dachten sich die beiden Fürsten. Unserem Vater haben sie es doch auch genommen. Warum eigentlich sollten wir uns nicht an den Staat wenden, um für das Unrecht, das die Nationalsozialisten unserem

Vorfahren angetan haben, eine Entschädigung zu bekommen. Ganz so wie es Juden verlangen oder ehemalige Zwangsarbeiter bei US-Gerichten einfordern. Felix und Carl-Ludwig Habsburg-Lothringen, Söhne des gleichnamigen Karl, fanden das einen ausgesprochen plausiblen Gedanken und erzählten es am Rande der Holocaust-Konferenz über geraubte Vermögenswerte in den ersten Dezembertagen 1998 in Washington gleich der *Financial Times*. Noch vor ein paar Jahren hätten sie vermutlich kein Wort darüber verloren, was es mit den paar Hektar Wald auf sich hatte, die die Nationalsozialisten dem Vater wegnahmen. Aber jetzt redet sowieso alle Welt über die bei New Yorker Gerichten anhängigen Forderungen von Holocaust-Opfern wegen der verschwundenen Versicherungspolicen, den sogenannten nachrichtenlosen Konten, dem geraubten Gold, dem enteigneten Grundbesitz und der Zwangsarbeit. Da wagen sich schließlich auch die beiden Hoheiten vor.

Sammelklagen, dieses Spezifikum des US-Rechts, sind teuer. Deswegen suchen betroffene Unternehmen auch möglichst schnell nach einem Vergleich. Stuart Eizenstat findet diese Idee ausgezeichnet. Ein Schritt in die richtige Richtung, den etwa verschiedene europäische Versicherungen machen wollen. Genauso hatte sich der stellvertretende US-Handelsminister die Impulse vorgestellt, die von der Londoner Raubgold-Konferenz vor einem Jahr ausgehen sollten. Auf der Grundlage des in London Vereinbarten dachte sich Eizenstat den weiteren Lauf der Dinge so: Zunächst stellen Washington und London über fünf Jahrzehnte hinweg einbehaltene Gold-Vorräte, die irgendwo aus Europa nach Kriegsende in die Vereinigten Staaten und nach Großbritannien gelangten, für Opfer bereit. Dann würden andere europäische Länder sicherlich folgen. Und wenn das Thema Raubgold erst erledigt ist, kommen die anderen Dinge zur Sprache, die die Nationalsozialisten auf ihrem Raubzug durch Europa kassiert haben. Dachte sich also Eizenstat. Jetzt wollte sich der Regisseur das Drehbuch nicht mehr aus der Hand nehmen lassen. Denn das hatte sich die Regierung Bill Clintons schließlich als Maxime gesetzt: Bis zur Wahl des neuen US-amerikanischen Präsidenten im November 2000 sollte das Thema gänzlich vom Tisch sein. Eizenstat beruft eine Folgekonferenz nach Washington ein, um über Versicherungen, Kunstwerke und sonstige von den Nationalsozialisten entwendete Vermögenswerte zu reden. Den US-Diplomaten drängt es, »einen

Schlußstrich« zu ziehen und zum Stichtag 31. Dezember 1999 Klarheit über die verschlungenen Wege des Raubguts zu schaffen.

Das ist der Stoff, aus dem Antonius Eitel seine Hoffnung schöpft. Gut gelaufen, zumindest bislang, sagt der Leiter der Bonner Delegation. Damit habe er bei dieser Konferenz zunächst gar nicht gerechnet. Eigentlich kann sich ein Deutscher doch gar nicht recht vorstellen, ungeschoren davonzukommen, wenn es um den Holocaust geht. Doch die deutsche Delegation präsentiert sich ordentlich. Sie verweist darauf, daß die Kinder in diesem Land heute gezielt über die Verbrechen der Nationalsozialisten unterrichtet werden, mittlerweile mehr als 100 Milliarden Mark an die Opfer gezahlt wurden und geraubtes Kunstgut aus den Museen zurückgegeben wurde. Das kommt in Washington gut an. An Bonn geht aus der US-Bundeshauptstadt die Meldung, es seien keine neuen Forderungen mehr zu erwarten.

In der Kritik stehen bei dieser Konferenz andere. Etwa die Franzosen. Die, sagt Elan Steinberg, sollen endlich die Kunstwerke rausgeben, die heute noch in ihren Galerien hängen. Beispielsweise den »Kopf einer Frau«, ein Werk Picassos. Der Generalsekretär des World Jewish Congress deutet auf eine Liste, die bereits 1946 in den USA zusammengestellt worden ist. 1942 sei das Bild vom »Einsatzstab Rosenberg«, einer nationalsozialistischen Sondereinheit, nach Paris gebracht worden. Mit 2000 anderen Bildern soll der »Kopf einer Frau« an seine rechtmäßigen Besitzer zurückgegeben werden, verlangt Steinberg.

Erst dann wird mit den lästigen Nachfragen Schluß sein. Zumindest bei diesem Thema. Und das andere, das steht ja gar nicht erst auf der Tagesordnung. Über die Entschädigung der ehemaligen Zwangsarbeiter spricht zumindest offiziell niemand. Steinberg ist trotzdem optimistisch. Der Dialog zwischen der Bundesregierung und seiner Organisation sei positiv, »schon bald wird es eine Regelung geben«, mit der schließlich auch unter dieses Thema ein Schlußpunkt gesetzt werden könne. Steinberg spricht über Entschädigung, meint aber nicht die Zwangsarbeiter. Erst später zeigt sich, daß deutsche Großbanken jüdischen Organisationen Zahlungen versprochen haben. In der deutschen Delegation heißt es dazu nur kryptisch, die Bundesregierung verhandele nach Westen. Plötzlich werden Delegierte aus osteuropäischen Ländern, die die offenen Forderungen der früheren Zwangsarbeiter in ihren Schlußplädoyers zu der Washingtoner Konferenz zumindest andeuteten, ganz hellhörig: Sollten jüdische Organisationen und die deutsche Bundesregierung das Thema hinter verschlossenen Türen und ohne die Opferverbände aus Rußland, Weißrußland, Polen, den Balkanstaaten, Tschechien und der Slowakei einfach erledigen wollen? Schließlich stammten die meisten Zwangsarbeiter doch aus Ländern, die in der genau entgegengesetzten Himmelsrichtung liegen.

Eine Initiative deutscher Konzerne – Die Erklärung vom 16. Februar 1999

Die deutsche Delegation zumindest kehrt gut gelaunt nach Bonn zurück. Nach Weihnachten trifft Kanzleramtsminister Hombach nunmehr im Auftrag seines Chefs einige Verabredungen. Hombach pendelt zwischen den Vorstandsetagen führender deutscher Industrieunternehmen und Washington hin und her. Es geht darum, den groben Rahmen für einen oder – wie es inzwischen heißt – möglicherweise auch zwei Entschädigungsfonds abzustecken: Treten die privaten Unternehmen für die Zwangsarbeiter der Industrie ein, kümmern sich Bund und Länder um kommunale und landwirtschaftliche Zwangsarbeiter. Dafür schließt die Bundesregierung mit den USA eine Art Abkommen, das weitere Ansprüche von NS-Opfern gleich an eine dieser beiden Stiftungen weiterleitet und zugleich garantiert, daß die Sammelklagen bei den US-Gerichten hinfällig sind. Washington willigt in dieser überaus diffizilen Angelegenheit ein, gibt aber zugleich den Rahmen für die bevorstehenden Verhandlungen vor: Zunächst wird über die Höhe der Entschädigungszahlungen gesprochen, erst dann über eine mögliche Empfehlung der US-Regierung an die Judikative. In ein paar Monaten, davon geht Hombach aus, werde das alles erledigt sein.

Der Kanzleramtsminister macht der deutschen Industrie Mut. In einer gemeinsamen Erklärung verkünden zwölf deutsche Konzerne am 16. Februar 1999, daß sie sich zu einer Stiftungsinitiative zusammengeschlossen haben. Zu den Unternehmen gehören der Versicherungskonzern Allianz, die Automobilbauer DaimlerChrysler, BMW und Volkswagen, die Chemieunternehmen Bayer, BASF und Hoechst, die Mischkonzerne DegussaHüls, Krupp und Siemens sowie die Deutsche und die Dresdner Bank.

Die Stiftungsinitiative erhält den klangvollen Namen »Erinnerung, Verantwortung und Zukunft«. Damit wollen die Unternehmen »am Ende des Jahrhunderts ein abschließendes materielles Zeichen setzen, aus Solidarität, Gerechtigkeit und aus Selbstachtung«.[12] Das böse Wort von den Unternehmen, die ihre Gewinne privatisiert, ihre Schulden aus der Zeit des Nationalsozialismus aber verstaatlicht hätten, wollen die Konzerne nicht gelten lassen und weisen explizit darauf hin, daß die deutsche Wirtschaft »mittelbar« an der über Steuern finanzierten staatlichen Wiedergutmachungspolitik beteiligt gewesen sei. Die Stiftungsinitiative steckt für sich – in einer überaus umständlichen Formulierung – drei Ziele ab, die »möglichst bis zum 1. September 1999« erreicht sein sollen: »Eine Antwort auf moralische Verantwortung deutscher Unternehmen aus den Bereichen der Zwangsarbeiter-Beschäftigung, der Arisierung und anderen Unrechts aus der Zeit der NS-Herrschaft zu geben, aus diesem Verständnis der NS-Vergangenheit humanitäre und zukunftsweisende Projekte zu fördern und dadurch eine Grundlage zu schaffen, um Klagen, insbesondere Sammelklagen in den USA, zu begegnen und Kampagnen gegen den Ruf unseres Landes und seiner Wirtschaft den Boden zu entziehen.«[13] Wenn »im Rahmen von entsprechenden Regierungsabkommen eine für die beteiligten Unternehmen befriedigende Rechtssicherheit« zugestanden werde, dann schaffe die Stiftungsinitiative einen »Entschädigungsfonds zugunsten von ehemaligen Zwangsarbeitern und anderen NS-Geschädigtengruppen« und einen »geeigneten Zukunftsfonds für Projekte, die eine Beziehung zur Veranlassung des Fonds haben«. Zu »zwei gleichwertigen Teilen«, wohlgemerkt. Vergangenheit und Zukunft, fifty, fifty, sozusagen.

Der Kanzler ist mit der Erklärung einverstanden. Für ihn stimmen die Eckdaten. Der Fonds könne an die Arbeit gehen, sobald sich die Bundesregierung mit den USA auf eine »befriedigende Regelung« verständigt habe. Rechtssicherheit müsse auf der Grundlage einer solchen Vereinbarung darüber bestehen, daß Ansprüche nur noch gegenüber dem Fonds, nicht aber gegen Firmen vertreten werden dürften. Für die Bundesregierung stehe das Bemühen im Vordergrund, unterstreicht der Kanzler, Klagen und damit verbundene Kampagnen gegen die deutsche Wirtschaft abzuwehren.

Drei Monate später verabreden Vertreter ehemaliger Zwangsarbeiter, jüdischer Organisationen, in den USA klagender NS-Opfer und verschiedener betroffener Staaten in Washington, bis zum 1. September in Arbeitsgruppen einen gemeinsamen Weg zur Entschädigung zu suchen. Zum ersten Mal sitzen die Anwälte, die die Sammelklagen vertreten, mit am Verhandlungstisch.

**Die Buhmänner –
US-Anwälte machen sich unbeliebt**

Was Edward Fagan dem neuen Beauftragten von Bundeskanzler Gerhard Schröder genau sagt, ist nicht überliefert. Der New Yorker Anwalt versichert sich nur noch schnell, ob denn nach der Pressekonferenz zum Abschluß der jüngsten Verhandlungen an jenen beiden überaus kalten Tagen im November 1999 im Pressesaal des Bonner Bundeskanzleramtes die Kameras aus sind. Dann geht Fagan auf Otto Graf Lambsdorff zu, den Nachfolger Hombachs, und spricht kurz mit ihm. Freundliche Worte, soviel zumindest ist sicher, vernimmt der FDP-Politiker nicht. Denn Fagan ist sauer. Auf Lambsdorff wie auch auf dessen US-Pendant, den Unterhändler Clintons, den stellvertretenden Handelsminister Stuart Eizenstat. Beide Unterhändler haben aus der Sicht Fagans nicht verhindert, daß der Sprecher der Stiftungsinitiative der deutschen Wirtschaft, Manfred Gentz, bei der Pressekonferenz zu Wort kommt. Der Finanzvorstand des Automobilkonzerns DaimlerChrysler berichtet nicht nur darüber, daß die in der Stiftungsinitiative zusammengeschlossenen Konzerne bereit seien, ihr Angebot für eine Einlage bei dem geplanten Entschädigungsfonds für ehemalige Zwangsarbeiter aufzubessern. Gentz spart auch nicht mit bittern Vorwürfen und knöpft sich vor laufenden Kameras und Dutzenden Mikrophonen die Anwälte der Opfer vor. Den Rechtsvertretern spricht der Manager kurzerhand die Legitimation ab, überhaupt bei den seit nunmehr neun Monaten laufenden Verhandlungen dabeizusein. Er wisse nicht, für wen die Anwälte eigentlich sprechen, provoziert Gentz.

Fagan ballt die Faust in der Tasche, zischt in einer hinteren Reihe Schimpfworte und nimmt sich vor, darüber unmittelbar im Anschluß an diese Pressekonferenz mit Lambsdorff zu reden.

Gentz legt derweil nach. Die Anwälte seien inzwischen die einzigen, die eine Einigung noch blockierten. Ohne sie wäre zwischen der Stiftungsinitiative und den Vertretern mehrerer Regierungen wie verschiedener jüdischer Organisationen längst ein Kompromiß gefunden. An diesen beiden Novembertagen im Auswärtigen Amt sei doch alles so greifbar nahe gewesen. Gentz spielt den Anwälten den Schwarzen Peter zu: Gegen die mächtigen Rechtsvertreter aus dem fernen Amerika, wollte der Manager wie so oft in den vergangenen Monaten glauben machen, müsse sich die deutsche Industrie jetzt erst einmal selbst behaupten.

Die Anwälte verstehen die Äußerungen des DaimlerChrysler-Managers als Fehdehandschuh. Das wollen sie sich nicht bieten lassen, verabredet gewesen sei der Auftritt des Sprechers der Stiftungsinitiative bei der Pressekonferenz nicht. »Die humanitäre Seele ist aus dem Prozeß raus«, sagt der Rechtsanwalt Mel Weiss tags darauf: »Wenn das nur noch eine geschäftliche Angelegenheit ist, werden wir alle unsere Waffen im und außerhalb des Gerichtssaals nutzen.« Weiss und seine Kollegen drohen ganz offen damit, ihre Kampagnen gegen die deutsche Industrie mit großformatigen Anzeigen in auflagenstarken US-Zeitungen fortzusetzen. Gegen den Willen von Lambsdorff: Der deutsche Unterhändler hatte ausdrücklich darum gebeten, in den kommenden Wochen bis zur nächsten und vielleicht alles entscheidenden Runde auf Attacken gegen deutsche Unternehmen zu verzichten.

Manager Gentz kann sich hingegen bei seiner Bewertung der Rechtsanwälte auf gewichtige Kronzeugen stützen. »Fagan«, sagte beispielsweise der damalige Präsident des Zentralrats der Juden in Deutschland, Ignatz Bubis, »Fagan will nichts anderes als Geld verdienen«.[14] Fagan sei niemand, dem er ein Podium in der Öffentlichkeit bieten wolle, und deswegen werde er auch nicht mit ihm reden. Die Verhandlungen über den Entschädigungsfonds seien für den New Yorker Anwalt, von dem man später munkelt, er brauche dringend sein Honorar und könne sein Büro in Manhattan schon jetzt nicht mehr unterhalten, »nichts anderes als Business«, sagt Bubis weiter. Mit den aus seiner Sicht völlig überzogenen Forderungen etwa in den gegen den Mischkonzern DegussaHüls gerichteten Sammelklagen löse Fagan »solche Reaktionen aus, die Walser wohl auch mit seinem Wort von der ›Instrumentalisierung von Auschwitz‹ gemeint hat«. Fagan mißbrauche die Opfer für seine Zwecke. Eines aber will auch Bubis, zu diesem Zeitpunkt noch sichtlich unter dem Schock stehend, den ihm die Rede des Schriftstellers Martin Walser bei der Verleihung des Friedenspreises des Deutschen Buchhandels vier Wochen zuvor in der Frankfurter Paulskirche versetzt hat, dem Anwalt nicht absprechen: »Er hat ein großes Verdienst. Ohne seine Sammelklagen gegen die Schweizer Banken hätten die nicht zwei Milliarden Mark gezahlt. Die Schweizer hätten weiter ihre Spielchen getrieben.«[15]

Fagans Kompagnon in Deutschland heißt Michael Witti. München, schickes Viertel. Dort also hat der Mann sein Büro, dem Kritiker vorwerfen, das Leid anderer Menschen auszubeuten. Ein Urteil, das auf der Hand zu liegen scheint: Vorbei an Inhalt und Moral macht Witti, den sie in den 80er Jahren einen Yuppie genannt hätten, nichts anderes als – Kohle und Karriere. Seit den Klagen gegen die Schweizer Banken ist er im Streß und seit den anschließenden Forderungen gegen deutsche Konzerne ist der einst unbekannte Anwalt, der mit den Ansprüchen an Versorgungsämter wegen »verfolgungsbedingter Gesundheitsschäden« von osteuropäischen NS-Opfern angefangen hatte, ein überaus gefragter Mann. Die Opfer aus Osteuropa, die sich an ihn wenden, bauen auf ihn. Das versteht Witti als seinen »Schlüssel zum Erfolg: Ich vermittle Verständnis und krieg' am End' a Geld.« Das hat er sich etwa von den Ungarn schriftlich geben lassen. Den Vorwurf aber, für die Aussicht auf üppige Honorare individuelle Leiden auszubeuten, hält Witti für ungerecht. Schließlich habe er sich schon Opfern des Holocaust angenommen, als noch niemand über sogenannte nachrichtenlose Konten und eidgenössische Großbanken sprach. In diesen Fällen hat Witti von Fagan viel gelernt. Vor allem, wenn es um den Umgang mit Medien geht. Gemeinsam mit Fagan zog er 1998 und 1999 immer wieder vor die Stammhäuser der Deutschen und der Dresdner Bank in Frankfurt am Main, um im Zentrum des deutschen Bankenviertels lautstark die Ansprüche ihrer Mandanten vor etlichen laufenden Kameras kundzutun.

Wolfgang Benz geht so etwas auf die Nerven. Auf die Anwälte ist der Leiter des Zentrums für Antisemitismusforschung an der Berliner Technischen Universität überhaupt nicht gut zu sprechen. »Es ist traurig, daß man Hollywood-Methoden braucht, um beispielsweise Siemens zum Zahlen zu bringen«, bedauert Benz. Er ärgert sich vor allem darüber, daß Anwälte wie

Fagan und Witti in Konkurrenz zu den jüdischen Opferverbänden treten. Im Hinblick auf ihre historischen Bestimmungen der Lage hält Benz die Rechtsvertreter für »geradezu ahnungslos«. Und dennoch, das findet der Historiker völlig unsäglich, »gerieren sie sich zugleich als Retter der Menschheit«.

Das aber läßt einer wie Witti nicht auf sich sitzen. Er wehrt sich dagegen, als anmaßend verunglimpft zu werden: »Ich bin nicht derjenige, der Gerechtigkeit verteilt«, sagt er. Vielmehr habe er für Gerechtigkeit zu kämpfen. Daß es aber auch um eigene Interessen geht, streitet der Rechtsanwalt nicht ab.

Die von Manager Gentz zu Prügelknaben gemachten Anwälte sind alles andere als eine homogene Gruppe. Wohl eher zufällig fanden sie im Laufe der Verhandlungen unter sich eine gewisse Arbeitsteilung. Fagan und Witti übernahmen dabei die Abteilung Public Relations und prangerten Woche für Woche die Schuld der Geldinstitute während der Zeit des Zweiten Weltkriegs an. Auf diese Weise schafften es die beiden Anwälte, das Thema weiter in der Öffentlichkeit zu halten.

Ein Verdienst, das ihnen wohl auch von den Kollegen nicht abgesprochen wird, die ansonsten nicht allzugut auf Fagan und Witti zu sprechen sind. An den Verhandlungen nehmen die beiden doch ohnehin nur in der zweiten Reihe teil, munkeln sie. Expertisen, die Witti und Fagan im Zusammenhang mit den Verhandlungen im Auswärtigen Amt während dieser beiden kalten Tage im November 1999 zur Berechnung der Entschädigungssumme in Auftrag gaben, quittierten Fachleute nur mit einem Achselzucken. Und Otto Graf Lambsdorff machte am Rande der Unterredungen auch keinen Hehl daraus, daß ihm die aufgemachte Rechnung über 180 Milliarden Mark aus Zwangsarbeit nach heutigem Wert alles andere als seriös erscheint.

Andere Anwälte machen es dem Unterhändler von Bundeskanzler Schröder nicht so leicht, an ihren Konzepten vorbeizugehen. Etwa Michael Hausfeld, gemeinsam mit seinem Kollegen Mel Weiss wohl so etwas wie der »Kopf« auf der Seite der Rechtsanwälte. Bereits in einer frühen Phase der Verhandlungen machte sich Hausfeld gemeinsam mit den von ihm beschäftigten Historikern Gedanken über eines der zentralen Probleme der Verhandlungen: Wer sollte eigentlich wieviel Entschädigung erhalten?

Hausfeld entwickelte dazu Kategorien, vor allem um die Schwere des Leidens der Opfer angemessen berücksichtigen zu können. Und er dachte daran, die Toten nicht zu vergessen: In ihrem Namen sollte ein Zukunftsfonds parallel zu dem Entschädigungsfonds aufgelegt werden.

Hausfeld leistet wertvolle Vorarbeiten – für eine Systematisierung der Opfergruppen, um die sich dann der Jenenser Historiker Lutz Niethammer, noch von Hombach als Berater ins Kanzleramt geholt, bemüht: Er entwirft mit anderen Fachleuten die sogenannten Florenzer Zahlen.

**Dimensionen des Unrechts –
Historiker suchen nach Kategorien für Entschädigungszahlungen**

Im Juni 1999 fühlen sich zahlreiche ehemalige Zwangsarbeiter vor den Kopf gestoßen. Noch ist zwar nicht klar, welchen Umfang der geplante Entschädigungsfonds für diese NS-Opfer haben könnte. Doch die Stiftungsinitiative der deutschen Wirtschaft macht sich schon mal Gedanken darüber, wer überhaupt wieviel bekommen soll. Den Herren ist die ganze Sache offensichtlich zu wenig berechenbar. Für den weiteren Verlauf der Verhandlungen beanspruchen sie Klarheit. Und außerdem haben sie in dieser Angelegenheit mit Prognosen auch überaus schlechte Erfahrungen gemacht: Erst ist der von Berlin zunächst avisierte 1. September 1999 als Termin für den Beginn der Auszahlungen nicht zu halten, dann müssen sie doch erheblich mehr zahlen, als die Bundesregierung zuvor angepeilt hatte – 1,5 Milliarden Mark, so soll es Schröders Unterhändler Hombach den Konzernspitzen schmackhaft gemacht haben, dürften für den Fonds von seiten der Industrie ausreichen. Doch schon jetzt ist klar, daß es erheblich mehr Geld sein wird, das die Unternehmen beisteuern müssen. Das ermuntert die Herren nicht unbedingt. Deswegen drängeln sie: Auch wenn nicht klar ist, was zu verteilen ist, solle wenigstens schon mal festgeschrieben werden, wer Ansprüche anmelden kann.

Die Stiftungsinitiative schlägt Anfang Juni 1999 vor, die Entschädigungszahlungen an das Rentenniveau in den jeweiligen Ländern zu koppeln. Das aber würde bedeuten: Opfer, die heute im Westen leben, würden erheblich besser abschneiden als ehemalige Zwangsarbeiter etwa aus der

Ukraine. Die weitaus meisten Zwangsarbeiter jedoch, die die Nazis verschleppt und zur Arbeit gezwungen hatten, stammten aus Osteuropa. Zugleich legen die Firmen fest, nur die Opfer zu berücksichtigen, die mehr als sechs Monate Zwangsarbeit geleistet hatten. Über die Höhe der Zahlungen machten die Unternehmen noch keine Angaben.

Lothar Evers, Sprecher des in Köln ansässigen Verbandes Beratung und Information für NS-Verfolgte, hält das für »völlig inakzeptabel«. Die Zahlungen müßten sich vielmehr »an dem Leid bemessen, das den Menschen zugefügt worden ist«. Das heutige Rentenniveau habe in keinem der betroffenen Länder mit der Verfolgung oder mit Zwangsarbeit irgend etwas zu tun. Evers stört sich daran, daß »die Schuldner in die Rolle des Gönners geschlüpft sind«. Mit Gerechtigkeit, findet auch US-Anwalt Hausfeld, habe der Vorschlag der Industrie nichts zu tun – denn Gerechtigkeit sei nun mal keine Frage von Wohltätigkeit.

Die Vorschläge der Stiftungsinitiative machen es deutlich – die Konzerne wollen nicht dem Vorbild von Volkswagen folgen, das der Automobilkonzern Ende 1998 geschaffen hatte. Das Unternehmen hatte sich der Initiative zwar angeschlossen, zuvor aber, als ein Bündnis der Wirtschaft überhaupt noch nicht abzusehen war, einen firmeneigenen Fonds aufgelegt, aus dem zu diesem Zeitpunkt bereits 592 Opfer jeweils 10 000 Mark bekommen haben – unabhängig von ihrem heutigen Wohnort.

Konkrete Zahlen über konkrete Opfer aber sind zu diesem Zeitpunkt für die Rechtsvertreter der früheren Zwangsarbeiter noch überhaupt kein Thema. Ihnen geht es zuvorderst um Prinzipielles: Die von diesen NS-Opfern verklagten Unternehmen sollen nicht diejenigen sein, die eigenmächtig festlegen, an wen sie was zahlen. Diese Prämisse steht für Michael Hausfeld. Darauf stützt der US-Anwalt sein Konzept, das er Mitte Juni 1999 im Bonner Kanzleramt den Vertretern der Industrie und verschiedener Staaten vorstellt. Hausfeld setzt auf zwei Säulen: Es komme zunächst darauf an, die Opfer »unbürokratisch, schnell und nach den gleichen Kriterien zu entschädigen«. Dabei gehe es nicht allein um die Zwangsarbeiter der Industrie; auch die Opfer, die bei öffentlichen Einrichtungen und in der Landwirtschaft schuften mußten, müßten nun endlich ins Blickfeld gerückt werden. Die zweite Säule verweise in die Zukunft: Mit einem von den Konzernen gleichzeitig aufgelegten humanitären Fonds sollten die Ansprüche der Nachfahren ehemaliger Zwangsarbeiter befriedigt, aber auch Opfer heutiger Menschenrechtsverletzungen berücksichtigt werden. Und eines macht Hausfeld an dieser Stelle auch gleich deutlich: Aus dem Entschädigungsfonds sollten nicht die Honorare der als raffgierig bezeichneten Anwälte gezahlt werden. Über diese Tarife habe eine unabhängige Instanz zu befinden.

Das ist im Juli 1999 noch Zukunftsmusik. Jetzt geht es zunächst darum, Kriterien zu schaffen, an denen sich die Entschädigungszahlungen orientieren können. Wer jetzt noch auf eigene Faust handelt, zahlt wie die Firma Stiegelmeyer im nordrhein-westfälischen Herford pro Zwangsarbeiter 10 000 Mark: In einem außergerichtlichen Vergleich erklärt sich der Hersteller von Krankenhausbetten zu diesem Zeitpunkt zu den Zahlungen bereit. Ein Novum: Mittelständische Unternehmen hatten bislang alles dafür getan, bei diesem Thema überhaupt keine Rolle zu spielen. Einzelne Firmen aber bringen den Fonds zwar nicht voran, doch mit ihnen zeichnet sich immer mehr ab – auch wenn ihnen das Thema nicht behagt, müssen sich Führungskräfte der deutschen Industrie damit auseinandersetzen.

Zu einer Sensibilisierung der eigens für diesen Zweck aufgestockten Kommunikationsabteilungen trägt auch das Arbeitsgericht Nürnberg bei: Anders als Kollegen etwa in Darmstadt erklären sich die Richter für zuständig und nehmen den Fall einer ehemaligen Zwangsarbeiterin aus der Ukraine an. Opferverbände bewerten das als einen Durchbruch, denn im Gegensatz zu Landgerichten muß der Kläger bei Arbeitsgerichten keinen Vorschuß auf die Prozeßkosten hinterlegen. Daran ist in früheren Fällen manches Verfahren gescheitert: Osteuropäische Kläger hatten einfach kein Geld. Ein halbes Jahr später, im Februar 2000, aber schiebt das Bundesarbeitsgericht in Kassel den unteren Instanzen einen Riegel vor: Ehemalige NS-Zwangsarbeiter können zwar Lohnansprüche grundsätzlich einklagen, befinden die Kasseler Richter, aber nicht vor Arbeitsgerichten, sondern vor Landgerichten. Zu diesem Zeitpunkt sind bei verschiedenen deutschen Gerichten noch mehrere tausend Verfahren in dieser Angelegenheit anhängig.

Für die nächste Verhandlungsrunde in Washington hat der Historiker Lutz Niethammer einige Empfehlungen mit im Gepäck. Niethammer hat sie bei einer internationalen Konferenz in dem ehemaligen Konzentrationslager Buchenwald kurz zuvor mit Fachleuten aus Israel, Deutschland, den USA und osteuropäischen Ländern abgestimmt. Sie schlagen Kriterien vor, die nicht die Gleichbehandlung aller Opfer im Visier haben, sondern »die Schwere der rassistischen Diskriminierung« akzentuieren. Im wesentlichen denken die Experten an zwei Opfergruppen, die aus dem Fonds Geld bekommen sollen: Zu den »schwerst Geschädigten« zählt Niethammer diejenigen Zwangsarbeiter, die Häftlinge in einem Konzentrationslager, Ghetto oder Arbeitserziehungslager (AEL) gewesen sind. In diesem Zusammenhang verwerfen die Historiker um den Berater des Bundeskanzleramtes die von der Stiftungsinitiative ins Gespräch gebrachte zeitliche Frist. Schließlich seien ausländische Arbeitskräfte anfangs nur sechs Wochen etwa in den 200 über das gesamte Deutsche Reich verteilten AEL festgehalten worden – allerdings unter Bedingungen, betont Niethammer, die nicht weniger qualvoll gewesen seien als die in den anderen Lagern. Der Historiker hebt hervor: Die von der Schutzpolizei und der Gestapo betriebenen, aber später aus dem Blickfeld der Öffentlichkeit und auch weiter Teile der Forschung völlig verschwundenen AEL seien »ein frei verfügbares Terrorinstrument gewesen« und meist in der Nähe von Unternehmen angesiedelt worden. Die Firmen selbst hätten sich dafür eingesetzt, »Arbeitskräfte dort einzuweisen«. Später übernahmen die Unternehmen teilweise selbst die Verantwortung für diese Lager.

Zur zweiten Kategorie für die Vergabe von Entschädigungsmitteln zählen die Historiker vor allem Zwangsarbeiter aus den slawischen Ländern, die weit mehr als die Hälfte dieser Opfergruppe ausmachen. In diesem Zusammenhang spiele es kaum mehr eine Rolle, wenn diese Opfer nicht hinter Stacheldraht eingepfercht worden seien. Die Diskriminierung seitens der SS habe ausgereicht, um sie auch ohne sichtbare Abschirmung zu schikanieren und zu demütigen.

Mit diesen beiden zentralen Kriterien rücken die Experten von der Vorstellung ab, mit dem Entschädigungsfonds könne »eine Kompensation für vorenthaltenen Lohn geleistet werden«, berichtet Niethammer. Vielmehr gehe es darum, »die Schwere der Erfahrungen und die Drohung, zu Tode zu kommen«, angemessen zu berücksichtigen.

Für die Opferverbände gilt der Imperativ: Schnell und unbürokratisch helfen. Unbürokratisch findet auch die Stiftungsinitiative der deutschen

Wirtschaft gut. Von schnell ist dort aber keine Rede: Die Manager treten vielmehr auf die Bremse. Sie wollen erst dann Entschädigung zahlen, wenn die genaue Zahl der Überlebenden feststeht. Ende August 1999, wenige Tage vor einer der nächsten Verhandlungsrunden, macht DaimlerChrysler-Vorstand Gentz deutlich, daß erst dann gezahlt wird, wenn sämtliche Anträge der für Entschädigung in Frage kommenden Opfer auf dem Tisch liegen: »Das Geld kann erst dann gezahlt werden, wenn die Zahl der Bewerber feststeht.« Die Gesamtsumme werde dann durch die Zahl der Anspruchsberechtigten geteilt, um die Höhe individueller Zahlungen ermitteln zu können. Dieser Vorschlag, das unterstreicht der Sprecher der Stiftungsinitiative, müsse Basis der weiteren Gespräche sein.

Die Opferverbände empört das. Der Vorschlag von Gentz ist aus ihrer Sicht der Dinge nur ein weiteres Manöver der Industrie, um Zeit zu gewinnen. Bei den Verhandlungen gibt es noch eine Reihe offener Variablen: Wieviel Geld muß in den Fonds fließen, wie viele Opfer haben Ansprüche, und überhaupt – wer bringt eigentlich das Geld für die Entschädigungszahlungen auf? Dagegen steht für die Opferverbände fest, sich auf ein solches Verfahren nicht einzulassen, weil ansonsten noch mehr ehemalige Zwangsarbeiter gestorben sein dürften.

Fachleute gehen davon aus, daß nur zwischen zehn und fünfzehn Prozent der ehemals rund zehn Millionen Zwangsarbeiter noch leben – maximal 1,5 Millionen also.

Das Glück des Stanislaw A. –
Wenn Gerichte einen Vergleich vorschlagen

Im September 1999 zucken bei der Stiftungsinitiative der deutschen Wirtschaft einige zusammen. Denn für Stanislaw A. geht die Sache ganz zügig über die Bühne: Das Stuttgarter Arbeitsgericht spricht dem 78jährigen ehemaligen Zwangsarbeiter aus Polen 15 000 Mark zu. Mit Hilfe des Bundesverbandes Beratung und Information für NS-Verfolgte und dem Rechtsanwalt Andreas Remin setzt er innerhalb eines halben Jahres seine Ansprüche durch. Von dem Armaturenhersteller Erhardt, heute ein Zulieferer der Automobilindustrie mit Sitz in Heidenheim an der Brenz, forderte er vor

Gericht 45 000 Mark für seine Arbeit und seine Unterbringung in einem bewachten Lager. Zwölf Stunden täglich, sechs Tage die Woche über zweieinhalb Jahre hinweg von November 1942 an – macht inflationsbereinigt 45 000 Mark, rechnet der Rechtsbeistand des Klägers den Richtern vor. Er orientiert sich an dem Urteil des Bonner Landgerichts, das einer polnischen Jüdin für jede Woche Zwangsarbeit 60 Reichsmark Entschädigung zugesprochen hat. Das Bonner Urteil wurde in der Berufung zugunsten des Bundesfinanzministeriums später schließlich wiederaufgehoben.

45 000 Mark aber erscheinen der Firma Erhardt, vor Gericht vertreten durch den baden-württembergischen Arbeitgeber-Verband, wie auch dem Arbeitsrichter als zuviel. Dabei kann Stanislaw A. jeden einzelnen Tag anhand seines Arbeitsbuches genau belegen. Und er verfügt zugleich über ein weiteres Dokument, das überhaupt keinen Zweifel mehr zuläßt: Die beklagte Firma selbst hat Stanislaw A. 1984 für die polnische Rentenversicherung bescheinigt, daß er während des Krieges für die deutsche Rüstungsindustrie gearbeitet hatte.

Das Arbeitsgericht schlägt einen Vergleich vor. 15 000 Mark soll Stanislaw A. erhalten. Beide Seiten willigen ein.

Stanislaw A. hat offenbar Glück, eine 72 Jahre alte Polin nicht. Das Hamburger Arbeitsgericht bietet der Klägerin und dem Senat der Hansestadt ebenfalls einen Vergleich an: Hamburg soll an die ehemalige Zwangsarbeiterin, die während des Krieges für die Kommune geschuftet hat, 13 000 Mark zahlen. Der Senat signalisiert, mit dem Kompromiß grundsätzlich einverstanden zu sein, einem Vergleich steht zunächst nichts im Wege. Zumindest bis sich das Bundesfinanzministerium einschaltet: Die mittlerweile von dem SPD-Politiker Hans Eichel geleitete Behörde warnt den Senat des Stadtstaates eindringlich davor, auf das Angebot einzugehen. Berlin befürchtet, eine Hamburger Entscheidung könne bundesweit ein Präjudiz schaffen und sich negativ auf die Pläne auswirken, eine Stiftung zur Entschädigung ehemaliger Zwangsarbeiter zu schaffen. Denn zu diesem Zeitpunkt, es ist Ende September 1999, sind noch immer mehrere tausend Klagen ehemaliger Zwangsarbeiter bei diversen Arbeitsgerichten anhängig, der geplante Entschädigungsfonds aber steht dahin.

**Das Erstaunen deutscher Manager –
Historiker erschließen Ausmaße des Unrechts**

15 000 Mark mal 1,5 Millionen Überlebende – den Herren in der Stiftungsinitiative verschlägt es augenblicklich die Sprache. Das macht 22,5 Milliarden Mark. Und das, obwohl die Bundesregierung sich doch anfangs überzeugt gezeigt hatte, mit 1,5 Milliarden Mark in dieser Angelegenheit hinzukommen. 22,5 Milliarden Mark – wie, bitte schön, wolle man das den Aktionären klarmachen, heißt es nicht nur bei der Dresdner Bank. Eine Größenordnung, die sicherlich wieder antisemitische Reflexe nähren werde, sorgen sich andere. Sie verweisen auf das Beispiel aus der Schweiz: Dort behauptete eine Umfrage einen unmittelbaren Zusammenhang von Entschädigungszahlungen und antisemitischen Ressentiments. Opferverbänden in Deutschland fällt bei dem Beispiel Schweiz eigentlich nur ein: Drei eidgenössische Großbanken, ebenfalls von Sammelklagen in den USA bedroht, bringen für einen humanitären Fonds allein 2,25 Milliarden Mark auf.

Niethammer bemüht sich, konkretere Angaben zu den Opfern zu machen. Anfang September bittet er die Teilnehmer der früheren Tagung in Buchenwald zu einer weiteren Konferenz nach Florenz, »um die Daten und Schätzungen über die heute noch lebenden ehemaligen NS-Zwangsarbeiter vergleichbarer, konsistenter und transparenter zu machen«.[16] Die Daten stützen sich jetzt im wesentlichen auf Angaben der Jewish Claims Conference und der mittel- und osteuropäischen Stiftungen, die im Zusammenhang mit der deutschen Vereinigung die Vergabe der Mittel aus den damals aufgelegten Versöhnungsfonds zu regeln hatten. Diese Informationen wiederum gehen zurück auf Erfahrungen der Stiftungen bei der Vergabepraxis, Hochrechnungen der letzten zeitgenössischen Statistiken aus dem letzten Jahr des Zweiten Weltkriegs sowie auf Schätzungen der Jewish Claims Conference, die auf der Praxis der Wiedergutmachungszahlungen basieren. Niethammer unterscheidet inzwischen drei Kategorien: A, B und L. Unter Kategorie A fallen die Häftlinge der Konzentrationslager und der Ghettos. 240 000 Personen erscheinen »als nicht unrealistisch«. Aber, fügt der Historiker an – nicht-jüdische KZ-Häftlinge, die heute in Staaten der Europäischen Union sowie in Südosteuropa leben, stellten »den Hauptunsicherheitsfaktor« in dieser Kategorie, weil sich deren Zahl kaum überschlagen läßt. Die angenommene Zahl der Opfer dürfte sich noch einmal »um einige Zehntausend« erhöhen, wenn die Häftlinge der AEL berücksichtigt würden. Strittig geblieben sei die Frage, bilanziert Niethammer, ob auch KZ-ähnliche Haftbedingungen außerhalb des Reichsgebiets in den Grenzen von 1937 in die Kategorie A aufgenommen werden sollten. Das würde bedeuten: Der Kreis der Anspruchsberechtigten könnte sich um etwa 70 000 auf 310 000 erhöhen.

Unter Kategorie B fallen 700 000 Deportierte, inklusive rund 90 000 Kindern unter zwölf Jahren, die die Nazis ebenfalls ins Deutsche Reich verschleppt hatten. Bei ihnen handelt »es sich um Zwangsarbeiter, die durch die Unterbringung in haftähnlichen Lagern und/oder schwere Diskriminierungen in den Arbeits- und Lebensbedingungen und durch eine ungefähre Halbierung des Nettolohns ausgezeichnet sind«. Während für die Kategorie A angenommen wird, daß sich private Wirtschaft und öffentliche Hand die Zwangsarbeiter in etwa untereinander teilen, sei für die Kategorie B von einem Verhältnis von einem Viertel öffentlichem Bereich und drei Vierteln Privatwirtschaft auszugehen. Weiter aufschlüsseln nach der Größe der Betriebe lasse sich das Material nicht, es könne aber davon ausgegangen werden, vermerkt Niethammer, »daß der Einsatz von Zwangsarbeitern der Kategorie B sich keineswegs auf die Großindustrie (...) beschränkte, sondern sich in erheblichem Umfang auch auf gewerbliche Klein- und Mittelbetriebe erstreckte«.[17] Kategorie B unterscheidet zwischen Deportierten und Dislozierten: Erstere (708 240) wurden ins Deutsche Reich verschleppt, letztere (567 000) aus ihrem Heimatort an einen anderen Standort außerhalb der Reichsgrenzen gezwungen. Je nachdem wie die Grenzen gezogen werden, verändern sich die Opferzahlen teilweise beträchtlich. Nimmt man die Grenzen des Reiches von 1937, wäre Österreich draußen. Eine Entschädigung dort eingesetzter Zwangsarbeiter aber läßt sich zu diesem Zeitpunkt erst recht noch nicht absehen.

Unter Kategorie L nennt die Florenzer Tagung Zwangsarbeiter aus der Landwirtschaft. Geschätzte Gesamtzahl der heute noch Lebenden: 823 500. Ihre Lebensverhältnisse seien im Hinblick auf »Ernährung und Behandlung wesentlich besser als beim Einsatz vergleichbarer Gruppen in der Industrie gewesen«.[18] Für alle drei Kategorien gilt nach Ansicht der Experten aber grundsätzlich: Nur die wenigsten der Zwangsarbeiter, keine zehn Prozent, mußten weniger als sechs Monate in der deutschen Industrie, beim Abräumen von Schuttbergen oder für die Ernte arbeiten. Die allermeisten der nunmehr geschätzten 2 408 940 Zwangsarbeiter, die zum Zeitpunkt der Erwägungen von Florenz noch leben, wurden viel länger zur Arbeit gezwungen.

Dem stehen Annahmen der Stiftungsinitiative entgegen: Sie geht für die Kategorie A von 220 000, für die Kategorie B von 475 000 und für die Kategorie L von 200 000 aus, macht also 895 000 Personen.

**Gegenseitiges Belauern –
Die Parteien halten sich in Schach**

Wolfgang Gibowski ringt für einen kurzen Moment um seine Contenance. Das seien Größenordnungen, die nicht zu akzeptieren seien, sagt der Sprecher der Stiftungsinitiative der deutschen Wirtschaft. 30 000 Dollar für »die am härtesten Betroffenen« unter den Zwangsarbeitern. Kategorie A also. Gibowski zweifelt daran, daß die Anwälte der Opfer noch irgendeinen Bezug zur Realität haben.

30 000 Dollar, so heißt es Ende August 1999 hinter vorgehaltener Hand, hätten die Rechtsvertreter als Eckwert genannt. Gibowski jedoch verweist auf die Beispiele Volkswagen und Siemens. »Wir wissen von beiden Unternehmen, daß sich die Betroffenen überaus gefreut haben«, führt der Sprecher an. Die Vorstellungen der Anwälte bewegten sich allerdings gemessen an den beiden firmeneigenen Fonds in einer ganz anderen Dimension. Und klar sein müsse auch, beharrt Gibowski: Opfer der Kategorie B sollten auf jeden Fall wesentlich weniger bekommen als die der Kategorie A. Genau lasse sich das allerdings noch nicht sagen, denn »wir wissen ja noch nicht, wieviel wir bei der Industrie einsammeln«. Konkreteres wolle die Stiftungsinitiative vor der nächsten Verhandlungsrunde zwei Wochen später nun aber erst mal dem Kanzler berichten.

Keine drei Milliarden Mark. »Unsere Vorstellungen liegen deutlich darunter.« Gibowski weiß, daß das für Aufsehen sorgen wird. Eine bewußte Provokation. Kurz vor dem Treffen im Kanzleramt liegen die Nerven blank. Und da muß ihm auch keiner mit den Vergleichszahlen aus der

Schweiz kommen, winkt der Sprecher der Stiftungsinitiative brüsk ab. Die deutsche Wirtschaft müsse sich daran nicht messen lassen, daß allein die drei eidgenössischen Großbanken für einen Vergleich 2,25 Milliarden Mark zu zahlen bereit sind. Schließlich sei deren Fall doch auch völlig anders gelagert: Nach dem Zweiten Weltkrieg hätten die Schweizer Banken »Gelder behalten, die haben wirklich davon profitiert«. Davon könne bei den deutschen Unternehmen keine Rede sein, die schließlich während der Zeit des Nationalsozialismus »ihre Zwangsarbeiter bezahlen mußten: Ich wüßte nicht, wo die profitiert haben«.

Das bringt Opferverbände und Anwälte auf. Rechtsanwalt Witti berichtet, seine Mandanten hätten Gibowskis Bemerkung »mit Abscheu« quittiert. Lothar Evers vom Bundesverband Information und Beratung für NS-Verfolgte spricht von einer »Klitterung der Tatsachen«.

Für Manfred Pohl gehören Bemerkungen wie die von Gibowski zum »Stochern im Nebel«. Der Chefhistoriker der Deutschen Bank bedauert, daß Fachleute seiner Zunft nicht zu Wort kommen. »Wir brauchen Experten, die in dem Thema drin sind«, sagt Pohl eindringlich. Der einzige Historiker, der die Bundesregierung berät, ist nach wie vor Lutz Niethammer. Für ihn zeichnet sich mittlerweile immer deutlicher ab, daß es 900 000 ehemalige Zwangsarbeiter sein dürften, die Ansprüche an den Fonds anmelden könnten. Niethammer kalkuliert auf dieser Grundlage mit einer Summe von knapp zehn Milliarden Mark, die die Konzerne und die Bundesregierung aufzubringen hätten.

Mangelndes Fachwissen reißt Lücken. Leerstellen, die emsige Anwälte wie Fagan und Witti zu besetzen suchen. Dafür geben sie Gutachten in Auftrag. Etwa bei dem Wirtschaftshistoriker Thomas Kuczynski. Für ihn »geht es allein um die Rückzahlung vorenthaltener Löhne, um nichts anderes«.[19] Nachzuzahlen wären von der deutschen Industrie mindestens 180 Milliarden Mark. Kuczynski räumt ein, daß diese von ihm berechnete Summe »in der Tat nicht ganz wenig (ist)«, aber: Was ist das im Vergleich etwa zum »Übernahmeangebot im Kampf um den Mannesmann-Konzern«, das zuletzt bei 250 Milliarden Mark gelegen habe. Die Industrie sollte nicht sagen, sie könne einen solchen Betrag nicht gemeinsam aufbringen. »Ihre Behauptung muß wahrheitsgemäß lauten: Wir wollen nicht zahlen«, schreibt Kuczynski, »alles andere ist Heuchelei.«[20]

Geplänkel. Stimmungsmache. So geht das seit Wochen. Die Stiftungsinitiative sieht sich in der Klemme. Gerade mal vier weitere Unternehmen schlossen sich ihr im vergangenen halben Jahr an, dabei will sie Vertretung der gesamten deutschen Wirtschaft sein und strebt schließlich auch an, Rechtssicherheit für sämtliche deutschen Firmen zu erreichen. Für mittelständische Firmen allerdings, die vom US-Markt nicht viel mehr wissen, als daß sie der breite Atlantik von ihm trennt, scheint das nur schwer einsichtig. Die Unternehmen drängen die Regierung: Bonn soll die Bundesstiftung für kommunale und landwirtschaftliche Zwangsarbeiter früher auf die Schiene setzen. Schröder aber wollte eigentlich die Stiftung erst dann schaffen, wenn der Fonds ausgehandelt ist. Doch das »muß auf zwei Beinen stehen«, heißt die neue Devise der Stiftungsinitiative, die darauf zielt, die Töpfe zusammenfließen zu lassen.

Flugs verschwinden die ursprünglichen Pläne in den Schubladen. Von zwei separaten Stiftungen für die Entschädigung ehemaliger Zwangsarbeiter ist schon Ende September keine Rede mehr. Jetzt wollen Staat und Industrie eine gemeinsame »Stiftung öffentlichen Rechts« schaffen und für die Ausstattung des Fonds endlich auch Summen nennen. Nur soviel lasse sich im Vorfeld der als möglicherweise entscheidend bewerteten nächsten Verhandlungsrunde schon jetzt sagen, heißt es in der deutschen Delegation: Das Angebot werde deutlich über bisherige Zusagen hinausgehen und beachtlich sein.

Eine Woche später liegt die Offerte in Washington auf dem Tisch – sechs Milliarden Mark. Davon muß der Bund zwei, die zur Initiative gehörenden Konzerne vier Milliarden Mark aufbringen. Der Leiter der deutschen Regierungsdelegation und Beauftragte des Kanzlers, Otto Graf Lambsdorff, würdigt das Angebot auch angesichts der Haushaltslage als »eine Leistung«. Der Sprecher der Stiftungsinitiative, Manfred Gentz, macht deutlich, daß es zu diesem Vorschlag keine Alternative mehr geben werde. Schluß, aus, die Konzerne hätten das Geld noch nicht zusammen und seien somit »ein hohes Risiko eingegangen«. Vertreter der Opfer weisen die Offerte als »Taschengeld« ab.

Die Vermittler –
Lambsdorff und Eizenstat suchen einen Kompromiß

Zwischen den verschiedenen Kalkulationen liegen Welten, in denen jetzt Otto Graf Lambsdorff unterwegs ist. Die Forderung der Anwälte, die nach wie vor von 30 Milliarden Mark ausgehen, hält er für zu hoch, das von der Stiftungsinitiative abgesteckte Angebot für zu niedrig. Eines aber macht er auch gleichzeitig deutlich: Wenn die Verhandlungen unter einem Druck stehen, dann dem, der aus dem Alter der meisten ehemaligen Zwangsarbeiter resultiere.

Freunde macht man sich damit nicht. Zumindest nicht in den Vorstandsetagen der deutschen Industrie. Manche Manager sind nach der jüngsten Verhandlungsrunde gar nicht gut auf den FDP-Politiker zu sprechen. Mißmutig sei der Beauftragte von Bundeskanzler Schröder mit den Zusagen der Stiftungsinitiative in die Gespräche gegangen, heißt es in Industriekreisen am Tag nach der Präsentation des neuen Angebots. Lambsdorff habe somit sicherlich nicht dazu beigetragen, die Gegenseite zum Einlenken zu bewegen. Schon allein wegen des Gesichtsausdrucks, mit dem der Beauftragte des Kanzlers die Offerte präsentiert habe, ärgert sich einer aus der Stiftungsinitiative. Daher sei von Anfang an zu erwarten gewesen, welche Position Lambsdorffs Gegenpart Eizenstat beziehen würde. Der stellvertretende Handelsminister der USA hatte deutlich gemacht, daß er noch nie Verhandlungen erlebt habe, in denen das erste auch das letzte Wort gewesen sei.

Der Lambsdorff. Ausgerechnet. Haben einige gedacht, als Schröder vor einigen Wochen den ehemaligen Bundeswirtschaftsminister, bekannt für blendende Kontakte in die Vorstandsetagen der Industrie, zum Nachfolger für den nach Kosovo entsandten Bodo Hombach ernannte. Für manch einen stand außer Frage: Ganz klar, auf wessen Seite der Lambsdorff stehen würde, wer die Vita des Grafen kenne, könne absehen, daß sich der Lambsdorff allein zum Anwalt der Industrie machen würde.

Doch Lambsdorff, sagt der an den Verhandlungen beteiligte Lothar Evers vom Bundesverband Beratung für NS-Verfolgte, mache bei den Verhandlungen an der Seite Eizenstats von Anfang an »gar keine schlechte Figur«. Nicht nur im Vergleich zu Hombach, der nie Zweifel daran gelassen hatte, daß, wer zahlen soll, auch festlegt, wieviel er zahlen will. Lambsdorff bemühe sich auch darum, das Realitätsprinzip in die Verhandlungen zurückzuholen.

Sechs Milliarden sind im Topf. Lambsdorff nennt das Angebot würdig, Eizenstat hält es für eine ernsthafte Grundlage weiterer Diskussionen. Doch ein Sturm der Entrüstung bricht los. Rechtsanwalt Hausfeld geißelt die deutsche Industrie als »die wahren Geizhälse des nächsten Jahrtausends«.[21] Weitere Kampagnen gegen die deutsche Wirtschaft laufen in den USA an. Einzelne Unternehmen stehen in ganzseitigen Anzeigen in der *New York Times* und in der *Washington Post* am Pranger. »Design – Leistung – Zwangsarbeit« heißt ein Slogan, mit dem Mercedes-Benz in Verbindung gebracht wird. Den Bayer-Konzern setzen die Anzeigen in einen Zusammenhang mit dem KZ-Arzt Josef Mengele und der Zeile »Bayers größter Kopfschmerz«. Die jüdische Organisation B'nai B'rith wirft den deutschen Managern vor, »nur Pfennige für die Sklavenarbeiter des Zweiten Weltkriegs« übrig zu haben. Diese Kampagne ist es, die Lambsdorff an jenem überaus kalten Novembertag 1999 nach der vorerst letzten Verhandlungsrunde im Auswärtigen Amt vor Augen hat, als er darum bittet, von solchen Aktionen vorerst Abstand zu nehmen, um die Gespräche nicht weiter ernsthaft in Gefahr zu bringen. Bereits unmittelbar vor der Sechs-Milliarden-Mark-Offerte war für den deutschen Unterhändler völlig klar: »Es wird bei den Klägeranwälten und Opferorganisationen einen Aufschrei der Empörung geben – egal, welchen Betrag ich nenne. Das ist die Dramaturgie solcher Verhandlungen, da werde ich die Nerven behalten müssen.«

Doch die Lage ist inzwischen überaus gereizt. Auch Lambsdorff trägt dazu bei. Was der deutsche Unterhändler betreibe, sei Geschichtsklitterung, werfen ihm Anfang November 1999 polnische Politiker und Opferverbände vor. Denn der Graf hatte begründen wollen, warum landwirtschaftliche Zwangsarbeiter von den Zahlungen aus dem Entschädigungsfonds ausgeklammert werden sollten. »Es ist ganz unzweifelhaft«, hat Lambsdorff in einem Interview gesagt, »daß seit der Jahrhundertwende in jeder Ernte-Kampagne Saisonarbeiter aus Polen nach Deutschland gekommen sind.« Dies sei eine »normale historische Erscheinung« gewesen. Die Polen sind empört. Kein Wort habe Lambsdorff über die Verschleppung der Zwangsarbeiter verloren. Und die oft erwähnte bessere Lebenssituation in der

Landwirtschaft lasse sich auch nicht verallgemeinern. Auch dort habe es Mißhandlungen und Unterernährung gegeben. Die polnischen Zeitungen sind sich an diesem Tag einig: Sie werfen dem Beauftragten des Kanzlers Ignoranz und Arroganz vor.[22]

Lambsdorff und Eizenstat wissen, worauf es in dieser angespannten Phase ankommt – Tempo machen. Nächster Termin Mitte November in Bonn. Zwei Wochen zuvor macht Lambsdorff der Stiftungsinitiative deutlich, der von ihr angekündigte Betrag von vier Milliarden Mark müsse aufgestockt werden. Ansonsten werde er sich aus den Verhandlungen zurückziehen. Ein verbessertes Angebot läge für ihn über den gemeinsam mit dem Bund gebotenen sechs, aber unter den gemeinhin als Richtwert genommenen zehn Milliarden Mark. In dieser Angelegenheit, daran lassen Mitglieder der Lambsdorffschen Delegation keine Zweifel aufkommen, würden auch Bundeskanzler Schröder und Bundespräsident Johannes Rau »die Unternehmen noch einmal an ihre Verantwortung erinnern«. Es habe keinen Sinn, sagt Lambsdorff, mit der bisherigen Summe in die Verhandlungen zu gehen, nachdem die Gegenseite das Angebot rundweg abgelehnt hatte.

Nach einem Treffen mit den Vorsitzenden der Bundestagsfraktionen deutet die Bundesregierung an, den Anteil des Bundes von bislang zwei Milliarden Mark noch einmal erhöhen zu wollen. Dagegen droht die Stiftungsinitiative inzwischen unverhohlen damit, das Projekt platzen zu lassen. Anstelle des gemeinsamen Fonds könnten nach dem Modell Volkswagen unternehmenseigene Entschädigungstöpfe geschaffen werden. Das werde sicherlich billiger als die bislang favorisierte Variante, zumal die Stiftungsinitiative die versprochenen vier Milliarden Mark noch immer nicht zusammen habe.

Eine Erhöhung des Angebots schließen die Konzerne rigoros aus. Es bleibe bei den vier Milliarden Mark. Und wenn die Bundesregierung ihre Offerte dem anpasse und bei ihrem Beitrag zu dem Fonds mitziehe, werde es von seiten der Konzerne dazu keine Einwände geben. Jetzt, das hebt Stiftungssprecher Gibowski hervor, nähere sich der Bund wohl dem versprochenen Anteil, der Hälfte des Gesamtbetrags.

Das fördert nicht gerade das Klima. Von einer Teilung sei nie die Rede gewesen, heißt es bei Lambsdorff. Vielmehr habe man zunächst verabredet, daß die Industrie zwei Drittel, die Bundesregierung ein Drittel übernehme. Mit den Forderungen der Stiftungsinitiative würden jetzt die Proportionen geradezu verkehrt: Von den versprochenen vier Milliarden Mark müßte die Industrie nach steuerlichen Abschreibungen gerade zwei Milliarden selbst aufbringen. So werde das sicherlich nicht laufen, macht Lambsdorff deutlich. Die Positionierung der Stiftungsinitiative findet der Beauftragte des Bundeskanzlers mittlerweile schon ein bißchen dreist.

Doch Gibowski, der sein Handwerk aus dem Bundespresseamt zu Zeiten Helmut Kohls kennt, wird nicht müde, immer wieder darauf hinzuweisen, daß die zugesagte Summe nach wie vor nicht beisammen sei. Gerade mal zwei der vier Milliarden Mark seien in der Kasse der Stiftungsinitiative. Daher müßten sich noch »mehrere hundert Firmen« an dem Fonds beteiligen. Es könne allerdings keine Rede davon sein, daß sich das Angebot an die Opfer mit jedem weiteren Unternehmen erhöhe.

**Finger, die auf andere zeigen –
Warum Konzerne sich verlassen fühlen**

Rolf-E. Breuer gehört nicht zu den Managern, die Absagen gewohnt sind. Inzwischen aber, so erzählt man sich am Rande der Verhandlungen über den Entschädigungsfonds, mußte der Vorstandssprecher der Deutschen Bank doch einige Abfuhren einstecken. Breuer bat in den vergangenen Wochen zahlreiche größere mittelständische Unternehmen persönlich darum, sich an dem Fonds zu beteiligen. Doch die – immerhin auch mehrere tausend Mitarbeiter beschäftigenden – Firmen ließen sich auf festliche Einladungen zum Diner erst gar nicht ein und Breuer schon bei der Anfrage abblitzen – nein, sie wollen bei der Stiftungsinitiative nicht mitmachen. Auf jeden Fall werde erst einmal das Ergebnis der Verhandlungen abgewartet, und möglicherweise solle die Entscheidung dann noch einmal überdacht werden, wenn die Rahmenbedingungen für den Entschädigungsfonds und die Rechtsgarantien Washingtons abgesteckt seien. Aber erst dann, hat der Deutsche-Bank-Mann dem Vernehmen nach immer wieder zu hören bekommen. Also bleibt der Kreis der zahlungswilligen Unternehmen sehr überschaubar: Neben den Gründungsmitgliedern der Stiftungsinitiative sagen bis Ende 1999 gut 30 weitere Unternehmen zu, für den Entschädigungsfonds Einlagen machen zu wollen.

Auch die 49 000 Unternehmen, die zum Bundesverband der mittelständischen Wirtschaft gehören, stellen sich stur. Zwar habe die Lobby-Organisation den Mitgliedsfirmen empfohlen, sich an der geplanten Stiftung zu beteiligen, sagt Verbandssprecher Stefan von der Heiden: »Es sieht aber ganz mau aus.« Der Stiftungsinitiative wirft er vor, es gehe ihr allein darum, »den Fonds möglichst lange offenzuhalten«. Wenn die Konzerne jetzt auf die bislang nicht zahlungswilligen mittelständischen Unternehmen deuteten, »zeigen gleich drei Finger zurück«, denn es seien ja nicht gerade viele von den Großen, die sich an der Stiftungsinitiative beteiligten. Für mittelständische Unternehmen stelle sich das Imageproblem im Zusammenhang mit Sammelklagen und Anzeigenkampagnen in Amerika ganz anders, hebt von der Heiden hervor: In diesen Betrieben werde das Problem »wesentlich enger persönlich« mit den Eigentümern verknüpft. Daraus resultiere deren Zurückhaltung – soll heißen: Anders als die Stiftungsinitiative glauben machen will, verstehen Mittelständler mögliche Zahlungen nicht als dem Prinzip Verantwortung geschuldet, sondern als Eingeständnis von Schuld. Innerhalb des Verbandes habe erst die Aufforderung von Lambsdorff »die Sache ins Rollen gebracht«. Seine Organisation, räumt von der Heiden freimütig ein, sei dann »ohne Konzept in die Diskussion eingestiegen«. Daher gebe es auch keine Übersicht über die Zahl der betroffenen Firmen, die von Zwangsarbeit und dem organisierten Raub jüdischen Eigentums in den Kriegsjahren profitiert hatten.

Wenige dürften es nicht gewesen sein: Allein die vorwiegend mittelständisch strukturierte Bauwirtschaft hatte 450 000 Zwangsarbeiter. Gerade diese Branche bezog ihre Aufträge zumal während der Kriegsjahre von der öffentlichen Hand: »Aus der Krise der Bauwirtschaft 1932/33 war schon 1938 eine Phase der Hochkonjunktur geworden, in der die Bauaufträge die Baukapazität deutlich überschritten.«[23] Insofern läßt sich sicherlich für die gesamte Branche verallgemeinern, was der Unternehmenshistoriker Pohl für das Unternehmen Hochtief festgestellt hat: »Auch Hochtief unterwarf sich von Anfang an dem nationalsozialistischen System, war an zahlreichen Projekten der Nationalsozialisten im In- und Ausland beteiligt und beschäftigte auf fast allen Baustellen insbesondere seit 1940 Zwangsarbeiter.«[24] In ihrer eigenen Sichtweise verstanden sich die Unternehmen – so sie denn dieses Kapitel überhaupt in ihrer Firmentradition berücksichtigt sehen wollten – als besonderes Objekt nationalsozialistischer Begierden. Bei Licht betrachtet aber machten sie sich zum Subjekt der nationalsozialistischen Ideologie. Pohl weist in diesem Zusammenhang in seiner Unternehmensgeschichte der Baufirma Hochtief auf »die Spannungen zur DAF« hin, die nicht aus ideologischen Differenzen resultierten: »Die Ursache für die Konflikte war nicht in der grundsätzlichen Verschiedenheit, sondern im Gegenteil in der an Identität grenzenden Nähe zu suchen. Letztlich ging es beiden um die Führungsrolle in der Betriebspolitik.«[25]

Eine »moralische Bringschuld« stellt von der Heiden auch für den Mittelstand nicht in Abrede. Aber, vergißt der Sprecher des Verbandes nicht hinzuzufügen: »Davon sollte aber auch niemand ausgeklammert werden, dann müssen auch der deutsche Adel und die Kommunen zahlen.«

**Über Arglosigkeiten –
Die Kommunen schlummern sanft**

Die politischen Sensoren funktionieren nicht. Das Landgericht Bremen hat einer ehemaligen Zwangsarbeiterin Entschädigung zugesprochen, die für die Kommune Schuttarbeiten leisten mußte – und doch reagiert der Deutsche Städtetag nicht. Bisher habe das Thema Zwangsarbeit keine Rolle gespielt, räumt die Präsidentin des Deutschen Städtetags (DST), Frankfurts Oberbürgermeisterin Petra Roth (CDU), im März 1999 zunächst ein. Nun wolle sie das aber auf einer der nächsten Sitzungen ansprechen, sagt die Chefin des kommunalen Spitzenverbandes, in dem rund 5600 Städte und Gemeinden zusammengeschlossen sind. Sie sei bisher davon ausgegangen, daß »Zwangsarbeit in den Städten geleistet, aber nicht durch die Städte« verlangt worden sei. Ähnlich wie die in der Stiftungsinitiative zusammengeschlossenen Konzerne verweist Roth in diesem Zusammenhang gleich auf das humanitäre Engagement des DST. Daher habe der Verband beschlossen, sich für Zahlungen nicht in der Pflicht zu sehen. Gefragt seien Bund und Länder. Der DST empfehle den Gemeinden, mit regionalen Projekten »zur Versöhnung beizutragen«, sagt Roth.

Neun Monate später hat sich durch eine spät anhebende Debatte in diesem Land vieles verändert. Die Mehrheitsfraktionen von SPD und Bündnisgrünen im Rat der Stadt München beschließen Anfang Dezember, eine eigene Stiftung zu schaffen, um den ehemaligen Zwangsarbeitern zu helfen. Diese solle zwar kein Konkurrenz-Modell zum Vorhaben der Stiftungsinitiative sein, aber die über Jahrzehnte hinweg vergessenen Opfer brauchten nun mal schnell Hilfe – und wer wisse schon, wann und ob überhaupt mit einem Entschädigungsfonds der Industrie zu rechnen ist, heißt es in der bayerischen Landeshauptstadt. Drei Millionen Mark wolle die Stadt dafür zur Verfügung stellen, die vor allem in die Partnerstadt Kiew fließen dürften – denn aus der Hauptstadt der Ukraine, soviel zumindest weiß man in München, stammten die meisten der während der Kriegsjahre von der deutschen Kommune beschäftigten Zwangsarbeiter.

Auch in Gelsenkirchen ist Zwangsarbeit inzwischen ein Thema. Die Zwangsarbeiter der nordrhein-westfälischen Stadt kamen aus der Ukraine und aus Polen, die Kriegsgefangenen, die ebenfalls zu Aufräumarbeiten nach Bombenangriffen eingesetzt wurden, zumeist aus der Sowjetunion. Es dürfte im Gelsenkirchen der Kriegszeit eigentlich niemanden gegeben haben, der nicht von den Zwangsarbeitern wußte, davon ist der Lokalhistoriker Stefan Goch vom örtlichen Institut für Stadtgeschichte überzeugt. Zum Höhepunkt des Zweiten Weltkriegs hätten 40 000 in der damals rund 200 000 Einwohner zählenden Stadt im Herzen des schwerindustriellen Ruhrgebiets geschuftet – eine Größenordnung, die vermuten läßt, warum sich Deutsche nach dem Krieg vor möglichen Racheakten fürchteten. Mindestens 400 dieser Zwangsarbeiter standen unmittelbar in Diensten der Stadt Gelsenkirchen, Historiker Goch setzt die reale Zahl aber viel höher an. Doch da stecke die lokale Forschung noch in den Anfängen, zumindest aber ist Zwangsarbeit in Gelsenkirchen anders als in anderen Städten mittlerweile kein Tabu-Thema mehr.

Das örtliche Engagement, das an zahlreiche der oral history verpflichtete Studien über die NS-Zeit in den Städten und Gemeinden aus den 80er Jahren anknüpfen kann, zeigt Nachwirkungen: Im Februar 2000 heißt es beim Städtetag plötzlich, die Organisation bekenne sich zu ihrer moralischen Verantwortung und werde sich an der Entschädigung ehemaliger Zwangsarbeiter beteiligen. Welche Einlage der DST machen werde, läßt der Verband offen.

Auch der Deutsche Bauernverband stellt sich zunächst taub, wenn es um das Thema geht. Gemessen an der Industrie, befindet Sprecher Michael Lohse, ist Zwangsarbeit »für uns nicht so ein Thema«. Daß die Landwirtschaft in Zeiten des Krieges auf die verschleppten Arbeiter aus dem Osten setzte, stellt der Verband gar nicht in Abrede. Aber, setzt Lohse hinzu, »die hatten ja nicht schlecht zu essen – und das war damals auch schon etwas«. Daher seien nicht wenige der aus osteuropäischen Ländern stammenden Arbeitskräfte schließlich nach 1945 als Saisonarbeiter zurückgekehrt. Das mache doch deutlich, daß »die so ganz unfreiwillig nicht dagewesen sein konnten«. Erst als der Bundestag im Sommer 2000 mit den Beratungen eines Gesetzentwurfs zur Gründung der Stiftung beginnt, verkündet der Sprecher der Stiftungsinitiative, Gibowski, daß inzwischen auch der Bauernverband beigetreten sei. Nach langem Zögern schließt sich Anfang Oktober auch der Raiffeisenverband der Stiftungsinitiative an. In dem Verband zusammengeschlossen sind heute 4000 landwirtschaftliche Genossenschaften, die übrigblieben am Ende eines nach dem Krieg bei weit mehr als 20 000 Genossenschaften einsetzenden Konzentrationsprozesses.

Die Kirchen verpassen die Zeitgeschichte

Zu dieser Zeit dämmert es auch den Kirchen, daß sie mit der systematischen Ausbeutung der Zwangsarbeiter etwas zu tun gehabt haben könnten. In den Büchern von Klöstern tauchen entsprechende Belege auf. Ein Beispiel ist die Benediktinerabtei Ettal. 39 Menschen aus Polen, der Sowjetunion und aus Frankreich, berichtet der dortige Prior Maurus Kraß, hätten dort »wie auch in den meisten bäuerlichen Betrieben Bayerns« die Existenz der Landwirtschaft und der Gärtnerei gesichert. Während die katholische Kirche sich nun auf die Suche nach Spuren dieser Opfer macht, sagen die Evangelische Kirche in Deutschland und ihr Wohlfahrtsverband Diakonisches Werk zu, in den Entschädigungsfonds einzuzahlen – zehn Millionen Mark. Die Diakonie gesteht in diesem Zusammenhang schließlich ein, »aus erzwungenen Arbeitsleistungen« von Zwangsarbeitern während des Krieges »Nutzen gezogen« zu haben. Bereits in den 80er Jahren war bekannt, daß die diakonie-eigenen Werkstätten der Reutlinger Gustav-Werner-Stiftung 80 Zwangsarbeiter beschäftigt hatten. Das aber spielte zu diesem Zeitpunkt kaum eine Rolle.

Harald Jenner sammelt bis zum August 2000 innerhalb weniger Monate Belege für die Verstrickungen der Kirche. Der Historiker hat Glück. Denn die Diakonissenanstalt Kropp führte ordentlich Buch. Die Unterlagen machen die Recherchen vergleichsweise einfach: Das Anmeldebuch der Einrichtung listet Namen und Arbeitsdaten von acht ausländischen Arbeiterinnen auf, die zwischen September 1940 und Juni 1945 dort zwangsweise arbeiteten. Dabei springt Jenner ins Auge, daß die kirchliche Einrichtung die Zwangsarbeiterinnen aus Polen und der Ukraine bereits zu einem »frühen Zeitpunkt« angefordert hatte. Ende 1940 stand das nationalsozialistische Regime dem Einsatz von osteuropäischen Zwangsarbeitern aus rassenideologischen Gründen nämlich noch ausgesprochen skeptisch gegenüber. Diese Bedenken gab die SS erst mit Beginn des Vernichtungskrieges gegen die Sowjetunion auf, als deutlich wurde: Ohne ausländische Arbeitskräfte ließe sich die Kriegsproduktion in den Städten wie auch auf dem Land nicht aufrechterhalten. Das Diakonissenhaus ist eine von sieben diakonischen Einrichtungen in Hamburg und Schleswig-Holstein, die Jenner untersucht. Mindestens 60 Zwangsarbeiter seien dort nachzuweisen. Aus dem geplanten Entschädigungsfonds aber sehen sie wohl zunächst keinen Pfennig, sondern müssen vielmehr warten, bis zunächst KZ-Häftlinge etwas bekommen haben. Daran hat Jürgen Gohde, Präsident des Diakonischen Werkes der EKD, zwar grundsätzlich nichts auszusetzen. Da aber die Opfer der Diakonie vorwiegend in der Landwirtschaft arbeiteten, müsse die Kirche prüfen, wie ihr Beitrag an dem Fonds »dieser Gruppe zukommen kann«.

Diesem Dilemma versucht die katholische Kirche zu entgehen. Die Bischofskonferenz beschließt im September 2000, sie wolle Entschädigung zahlen. Aber nicht über die Stiftung. Denn Zwangsarbeit bei der katholischen Kirche sei nicht mit Zwangsarbeit in der Industrie zu vergleichen, hat der Vorsitzende der Bischofskonferenz, Karl Lehmann, in diesem Zusammenhang bereits im September 1999 hervorgehoben: Von der Kirche seien die Opfer »in den meisten Fällen ordnungsgemäß entlohnt worden«. Fälle von Ausbeutung seien nicht zu belegen. Fünf Millionen Mark stellt die Kirche nach langem Zögern bereit, weitere fünf Millionen sollen in die Versöhnungsarbeit fließen.

**Über die Zahlungsmoral –
Die Wirtschaft sieht sich in der Klemme**

Wolfgang Gibowski findet das gar nicht lustig. Das bringt die Stiftungsinitiative der deutschen Wirtschaft nicht weiter, wenn jetzt jeder sein eigenes Süppchen kocht oder aber gar nichts zahlt. Die Initiative beklagt die mangelnde Solidarität und entwirft ein bedrohliches Szenario – der mangelnde Zahlungswille der Wirtschaft könnte den Fonds ernsthaft in Frage stellen. Führende Manager, die der Initiative mit ihren Firmen seit Beginn angehören, werfen anderen Unternehmen vor, »sich billig aus der Verantwortung stehlen zu wollen«. Wenn immer mehr Firmen dazu übergehen, eigene Fonds aufzulegen, gehe »die Solidarität den Bach runter«. Die Stiftungsinitiative habe angestrebt, »das Problem Sammelklagen in Gänze zu lösen«. Mit internen Zahlungen aber »kommen die billig davon, lassen sich noch in der Öffentlichkeit feiern und kassieren den Rechtsfrieden«.

Doch der Verweis auf die paar firmeneigenen Fonds ist eine Ausrede. Eigentlich geht es vielmehr darum, daß führende Unternehmen der deutschen Industrie darauf verweisen, keine Geschäfte in den USA zu betreiben und insofern keine Sammelklagen zu fürchten hätten. Oder die Firmen sind schlicht zahlungsunwillig. Typisch für die Zurückhaltung ist der Konzern Babcock Borsig in Oberhausen. Die Firma taucht Ende 1999 auf einer Liste von Unternehmen auf, die US-Anwalt Michael Hausfeld in Prag an den Pranger stellt. »Grundsätzlich haben wir gesagt, wir machen mit«, wehrt sich Finanzvorstand Gerd Woriescheck gegen Hausfelds Vorwurf. Doch sein Unternehmen wolle aufgrund der eigenen Ertragslage zunächst abwarten, was bei den Verhandlungen herauskomme, bevor eine konkrete Zahlung zugesagt werde. Andere Firmen wie etwa Heraeus im hessischen Hanau harren der Ergebnisse der Verhandlungen, machen aber zugleich auch deutlich, daß sie selbst bestimmen wollen, was sie einzahlen. Nach eigenen Nachforschungen hatte das Unternehmen 170 Zwangsarbeiter. »Proportional zu dieser Zahl« könnte eine Beteiligung an dem Entschädigungsfonds ausfallen, teilt ein Heraeus-Sprecher mit.

Damit aber steht der Zahlungsmodus zur Disposition, den die Stiftungsinitiative festgelegt hat. Ein Promille des Jahresumsatzes – dann sind die Unternehmen beim Entschädigungsfonds dabei. Mit diesen Einlagen aber, gibt der Historiker Marc Spoerer zu bedenken, »läßt sich der Fonds nicht bestreiten«. Spoerer rechnet auf der Grundlage der vom Statistischen Bundesamt veröffentlichten Umsatzzahlen für das Jahr 1999 nach: Demnach setzten die für die Wirtschaft in ihrer Gesamtheit relevanten Unternehmen des verarbeitenden Gewerbes und des Bergbaus, die Energieversorger und die Baukonzerne 2800 Milliarden Mark um. Allesamt Firmen, die die Stiftungsinitiative in die Pflicht nehmen will. Ein Promille vom Umsatz wären 2,8 Milliarden Mark. Den Rest der inzwischen von der Stiftungsinitiative versprochenen Einlage in Höhe von fünf Milliarden Mark, so will es offensichtlich die Initiative, müßten kleine und mittlere Betriebe aufbringen. Für Spoerer aber steht außer Frage: »Die Kleinunternehmen ins Boot zu holen, ist eine Fiktion«, hinter der sich eine »naive Kollektivschuldthese« verberge. Diese These sei den Konzernen »so nützlich: Sie verhindert zu Lasten der kleineren Unternehmen, die Entschädigung mit dem Verursacherprinzip oder, wenn man so will: der Moral zu verbinden«. Daraus kann es für den Historiker nur die Konsequenz geben: Die an der Stiftungsinitiative beteiligten Unternehmen, denen es »nicht um Entschädigung geht, sondern um die Minimierung von Exportrisiken«,[26] müssen ihre Einlagen erhöhen. Schließlich gebe es ein klares Kriterium dafür, wer wieviel zu zahlen hat – die Beschäftigung von Zwangsarbeitern.

Davon aber will Stiftungssprecher Gibowski partout nichts hören. Von der ursprünglichen Idee, nur die Unternehmen der Kriegswirtschaft für den Fonds gewinnen zu wollen, sei die Initiative mittlerweile abgerückt: »Jetzt wollen wir alle Firmen einbeziehen, um eine Solidaritätsaktion der deutschen Wirtschaft zu starten.« Denn die bislang zugesagten Beiträge reichen hinten und vorne nicht. Um die großen Lücken zu schließen, buhlt die Stiftungsinitiative beispielsweise auch um die 500 Millionen Mark, die sieben europäische Versicherungen in Verhandlungen nach der Londoner Gold-Konferenz für verschwundene Policen zugesagt haben. Und sie will kleinere und mittlere Betriebe angehen: Mit Hilfe der Industrie- und Handelskammern werben die Stifter um weitere Mitglieder für ihre Initiative. Anfang des Jahres 2000 läuft eine Briefaktion des Deutschen Industrie- und Handelstages (DIHT) an, die sich an rund 200 000 Unternehmen richtet. Der Präsident des DIHT, Hans Peter Stihl, macht zu Beginn der Aktion deutlich, daß es schon einiger Überzeugungsarbeit in den eigenen Reihen bedurft habe, um die Kampagne starten zu können. Doch die Resonanz bleibt schwach.

Dabei hatte der Historiker Hans Mommsen bereits Anfang 1999 gewarnt: Wenn sich an einem möglichen Entschädigungsfonds nur einige wenige Industriekonzerne beteiligen sollten, werde die Wirklichkeit der Ökonomie in den Jahren des Nationalsozialismus »völlig verzerrt«: Von Zwangsarbeitern habe die gesamte Wirtschaft wie auch die Landwirtschaft profitiert. Mit den Worten seines Kollegen Ulrich Herbert: »Es gab keine Firma, die größer als ein Familienunternehmen war, die keine Zwangsarbeiter beschäftigt hat.« Auch die Rechtsnachfolger etwa der Reichsbahn und auch anderer Reichsunternehmen sieht Mommsen in der Pflicht.

Darauf beharrt auch die Stiftungsinitiative. Gibowski riskiert einen heftigen Krach mit Bundesfinanzminister Hans Eichel (SPD). Die Stiftungsinitiative fordert frühere Staatsfirmen auf, sich an der Seite der Industrie an dem zugesagten Entschädigungsfonds zu beteiligen. Es sei »eine Scheinheiligkeit«, wenn Eichel darauf beharre, »diese Unternehmen sollten ihren Beitrag zum Anteil des Staates beisteuern«, wirft Gibowski dem Finanzminister vor. Unternehmen wie die Telekom, die Sparkassen und die Post seien heute alle privatisiert und »stehen zu anderen Firmen in Konkurrenz«. Daraus schlußfolgert Gibowski: Frühere Staatsfirmen sollen den Anteil der Industrie mittragen, die Stiftungsinitiative rechne mit 400 bis 500 Millionen Mark. Eichel stellt sich dem allerdings entgegen. Diese Unternehmen seien während der Zeit des Nationalsozialismus »reine Staatsunternehmen gewesen«. Also sei klar: »Das gehört zum staatlichen Anteil.« Das Gesetz zur Schaffung der Stiftung sei in diesem Punkt ganz eindeutig: Die Mehrheitsverhältnisse entscheiden darüber, auf welcher Seite in den Fonds gezahlt wird. Es gehöre zur Verantwortung der Wirtschaft, den von ihr zugesagten Betrag zusammenzubekommen.

Das unterstreichen auch die Fraktionen im Bundestag. Das Vorpreschen der Stiftungsinitiative findet quer durch die Fraktionen kein Verständnis. Schließlich, gibt der stellvertretende CDU/CSU-Fraktionsvorsitzende Wolfgang Bosbach zu bedenken, hätten sich schon im Laufe der Verhandlungen über den Fonds »die Relationen immer mehr zu Lasten des Staates verschoben«.

Gemengelagen –
Als sich plötzlich ein Kompromiß findet

Anfang Dezember 1999 gerät alles durcheinander. Berlin erwartet aus Washington »ein klares Signal« zu dem zuletzt unterbreiteten Angebot über insgesamt acht Milliarden Mark für den Entschädigungsfonds. Das American Jewish Committee verstärkt den Druck auf deutsche Firmen. Moskau will endlich Geld, Hauptsache, eine Einigung kommt jetzt zustande. Eizenstat rüffelt die Osteuropäer wegen ihrer Hartnäckigkeit. Die US-Anwälte schlagen eine Offerte aus, und die Industrie läßt keinen Zweifel aufkommen – zu weiteren Verhandlungen sei sie nicht bereit.

»Das letzte Wort«, wehrt Stiftungssprecher Gibowski die Frage nach dem Stand der Dinge ab, »das letzte Wort«, das klinge ihm »zu martialisch«. Doch wie auch immer die Lage eingeschätzt werde, eines sei doch ganz klar: »Mehr Geld kann die Industrie auf freiwilliger Basis definitiv nicht aufbringen.« Bei den Verhandlungen gehe es schließlich nicht um Reparationszahlungen. Das müsse doch noch einmal gesagt werden. Was aber will der Sprecher der Stiftungsinitiative damit eigentlich sagen? In wenigen Tagen läuft die den Opferverbänden und Anwälten gesetzte Frist ab – spätestens am 8. Dezember 1999 müssen sie kundtun, ob sie in die Acht-Milliarden-Offerte einwilligen.

Doch ihre Richtmarke steht. »Zweistellig«, heißt es in den Kanzleien. Nicht weniger. Und ein Ultimatum wollen sich die Anwälte schon gar nicht setzen lassen. »Vielleicht kapieren die die jetzige Situation nicht richtig«, sagt Gibowski. Der Vertreter der Stiftungsinitiative verspürt offensichtlich Rückenwind für die Industrie. Unterhändler Lambsdorff signalisiert, daß es bei den fünf Milliarden Mark allein von der Wirtschaft bleiben könne. Das reiche jetzt. Der Kanzler, zwischenzeitlich noch einmal in die Verhandlungen eingebunden, sieht das auch so. Unmißverständlich soll er das auch dem US-Präsidenten Bill Clinton mitgeteilt haben, heißt es. Allen ist klar – die Sache muß jetzt ein Ende finden, sonst platzt das Projekt. Die beiden Großbanken bereiten sich darauf bereits vor. Sie wollen dann eigene Wege gehen und separate Entschädigungsfonds auflegen. Denn beide Geldinstitute ziehen mittlerweile ernsthafte Schwierigkeiten ins Kalkül: Die Deutsche Bank befürchtet wirtschaftliche Restriktionen in den USA, die Dresdner Bank möchte auf gar keinen Fall in die Vorwahlen für die US-Präsidentschaftswahlen hineingezogen werden. Das zeugt von einer gewissen Unruhe, die die bisherige Gelassenheit verdrängt hat: Beide Geldinstitute, so heißt es in gut unterrichteten Kreisen, »waren dankbar«, daß beispielsweise über die Provisionen, die die Banken bei sogenannten Arisierungsgeschäften kassiert hatten, in der Öffentlichkeit in jüngster Zeit kaum mehr die Rede war. Jetzt aber setzen Opferorganisationen wieder auf Kampagnen: Das American Jewish Committee (AJC) publiziert eine Liste mit 257 Namen. Dahinter stehen große und mittelständische Unternehmen, die Zwangsarbeiter ausgebeutet hatten. Unternehmen wie die Baufirma Züblin und der Keks-Hersteller Bahlsen »können sich nicht vor der Geschichte verstecken«, sagt Eugen DuBow, der Leiter des Berliner AJC-Büros.

Eizenstat drückt aufs Tempo. Der US-Unterhändler hebt die Bedeutung des Stichtags 8. Dezember hervor. Er selbst habe den Vertretern der deutschen Wirtschaft, der Bundesregierung und auch den US-Anwälten deutlich gemacht, heißt es in einem Schreiben des stellvertretenden Handelsministers, daß er, Eizenstat, sich eine Summe zwischen zehn und elf Milliarden Mark für die Ausstattung des Entschädigungsfonds vorstelle. Die jetzt mit der Stiftungsinitiative bestehende »Koalition deutscher Unternehmen« werde es bei einem Scheitern der Verhandlungen wohl nie mehr geben. Deswegen sollte nicht der Zeitpunkt verpaßt werden, um eine Einigung zu erzielen. Platzen die Verhandlungen, würden deutsche Unternehmen firmeneigene Fonds auflegen, von denen viele Opfer dann »gar nichts bekommen«. Eizenstat richtet sich vor allem an die Regierungsvertreter Tschechiens, Polens und der Ukraine, die in Prag zusammentreffen, um mitten in der Schlußphase eine gemeinsame Position abzustecken. Sie verständigen sich darauf, an dem »finanziellen Korridor zwischen zehn und 15 Milliarden Mark festhalten zu wollen«. Geklärt werden müsse zunächst aber die Verteilung der Mittel.

Vier Tage später ist klar: Es wird keine Einigung geben, das Angebot gilt den Vertretern der Opfer als »inakzeptabel«. Zumindest für die meisten ist das Konsens. Die Russen aber scheren aus. Für sie habe »die Schnelligkeit der Einigung und der Auszahlung Priorität vor der erreichbaren Gesamtsumme«. Diese Position, berichtet ihr Berater, der Rechtsanwalt und frühere Bundesinnenminister Gerhart Baum, habe die Delegation auch Lambsdorff und der Stiftungsinitiative deutlich gemacht.

Funkstille. Für ein paar Tage. Das nährt Spekulationen. In der Stiftungsinitiative wachsen die Zweifel, ob der eingeschlagene Weg der richtige gewesen sei – vielleicht hätte man den finanziellen Rahmen von Anfang an abstecken sollen. Alles deutet jetzt auf ein Scheitern hin, bis sich eine Woche nach dem Veto der Opfervertreter plötzlich doch noch eine Wende abzeichnet. Noch einmal werden die Delegationen in zwei Tagen in Berlin mit den beiden Unterhändlern Lambsdorff und Eizenstat zusammenkommen. Das ist ein Signal, zumal sich auch Bundesaußenminister Joschka Fischer und seine US-Kollegin Madeleine Albright an den Gesprächen beteiligen wollen. Zur gleichen Zeit kündigen die beiden US-amerikanischen Automobilkonzerne General Motors und Ford eine überraschende Wende ihrer bisherigen Politik an und verbreiten, sich an der Stiftungsinitiative beteiligen zu wollen. Beide Unternehmen hatten bisher darauf beharrt, ihre deutschen Töchter – die in Rüsselsheim ansässige Adam Opel AG und die Kölner Fordwerke – seien nach dem Eintritt der USA in den Zweiten Weltkrieg 1941 vollständig unter deutsche Kontrolle geraten und die Verbindung zu den Mutterhäusern in den Vereinigten Staaten sei abgerissen. Ford soll damals mehr als 10 000, Opel mindestens 2000 Zwangsarbeiter gehabt haben. Gegen Ford hatte der US-Anwalt Mel Weiss 1998 bei einem Bezirksgericht im US-Bundesstaat New Jersey eine Klage eingereicht. Sie stand am Anfang der Sammelklagen, die sich gegen deutsche Unternehmen richteten.

Berlin, 17. Dezember 1999 – an der Schwelle zum 21. Jahrhundert will die Bundesregierung das Thema Entschädigung erledigt wissen. Berlin legt nun noch einmal eine Milliarde Mark drauf und macht somit eine Einigung über den nunmehr mit zehn Milliarden Mark ausgestatteten Entschädigungsfonds möglich. Alle Beteiligten zeigen sich erleichtert. Bundeskanzler Schröder spricht von einer Genugtuung für die Opfer und der Legitimation für das Engagement der Bundesregierung, die sich nicht zuletzt aus der Sicherung von Arbeitsplätzen durch die versprochene Rücknahme der Sammelklagen herleite. US-Unterhändler Eizenstat unterstreicht die Zusage und lobt auch die Anwälte für ihr Engagement. Schröders Beauftragter Lambsdorff hält eine späte Entschädigung für besser als gar keine. Der

Beauftragte der Stiftungsinitiative, Gentz, zeigt sich erleichtert. Seine Aufgabe ist es nun, die Unternehmen der deutschen Wirtschaft aufzurufen, sich endlich an dem Fonds zu beteiligen, um das zugesagte Geld auch zusammenzubekommen.

**Die Verteilung der Mittel –
Ansprüche stehen gegen Ansprüche**

Die gute Laune ist nicht von Dauer. Gleich nach Weihnachten prallen Positionen aufeinander, die bis dahin nur mühsam hatten auseinandergehalten werden können. Es geht um die Verteilung der Fondsmittel. Völlig unterschiedliche Erwartungen von osteuropäischen Regierungsvertretern und jüdischen Opferorganisationen stehen sich gegenüber. Der Bundesregierung selbst schwebt folgender Schlüssel für die Verteilung vor: 7,7 der zehn Milliarden Mark stehen für ehemalige Zwangsarbeiter bereit, eine Milliarde soll jeweils für sogenannte Vermögensschäden und den Zukunftsfonds vorbehalten bleiben. 300 Millionen, die dann noch übrigbleiben würden, sieht Berlin für die geplante Stiftung und die Honorare der Anwälte vor. Den Osteuropäern ist das zuwenig: Sie wollen mehr Geld für die Zwangsarbeit und weniger für den Vermögens- und Zukunftsfonds. Das sehen Vertreter jüdischer Organisationen ganz anders: Unter einer Milliarde für Vermögensschäden lasse sich kein Kompromiß finden. Schließlich, darauf beharrt Karl Brozik von der Jewish Claims Conference, sei diese Zusage noch vor Beginn der Verhandlungen gemacht worden. »Man hat der jüdischen Seite versprochen, daß natürlich die Vermögensschäden separat behandelt werden«, unterstreicht Brozik.[27] Er ist in diesem Zusammenhang von Lambsdorff enttäuscht: »Ich halte es für taktisch falsch, daß die Beteiligten zunächst versuchen sollen, sich zu einigen, und man erst dann von seiten der Unterhändler eine Schlichtung anstrebt.« Im Hinblick auf die Solidarität der Opfer sei die Lage »sehr gefährlich«, fügt der Vertreter der Claims Conference in Deutschland an: »Was wir nicht brauchen, ist, daß die Opfer gegeneinander aufgewiegelt werden. Das aber könnte passieren.« Denn Vertreter der osteuropäischen Regierungen sehen den Vermögensfonds grundsätzlich als Verhandlungsmasse an.

Zumindest an einem strittigen Punkt kommt die Berliner Koalition recht zügig voran: SPD und Bündnisgrüne verabreden, frühere Zahlungen doch nicht auf künftige anzurechnen. Der ursprüngliche Gesetzentwurf zur Schaffung der Stiftung für ehemalige Zwangsarbeiter sah vor, frühere Leistungen nach dem Bundesentschädigungsgesetz auf die versprochenen Zahlungen anzurechnen. Jetzt finden die Koalitionäre einen anderen Weg: Angerechnet wird nur, was Unternehmen bereits an frühere Zwangsarbeiter bezahlt haben. Das gilt beispielsweise für die von VW und Siemens kurz zuvor aufgelegten firmeneigenen Fonds.

Doch an dem anderen Punkt bleibt etwa Polens Regierungschef Jerzy Buzek hart: In einem Schreiben an den Kanzler macht er Mitte Februar 2000 deutlich, daß es für Zwangsarbeit einen höheren Gesamtbetrag geben müsse. Die Polen wissen – sonst bleibt womöglich nicht viel für die landwirtschaftlichen Zwangsarbeiter übrig. Und das ließe sich in Polen sicherlich nur schwer vermitteln.

Einen Monat später ist ein Kompromiß gefunden. Damit nehmen die Opferverbände eine entscheidende Hürde auf dem Weg zum Entschädigungsfonds. Jetzt zweifelt niemand mehr an: Die Zwangsarbeiter erhalten aus dem Entschädigungstopf 8,25 Milliarden Mark, 150 Millionen mehr als zuletzt vom deutschen Unterhändler angeboten. Für diese Summe rechnen die Moderatoren der Verhandlungen mit 100 Millionen Mark, die die Schweizer Großbanken aus dem von ihnen aufgelegten humanitären Fonds beisteuern könnten. Für den Rest sind Zinsen eingerechnet.

Beide Unterhändler hegen keine Bedenken mehr: »Wir haben es geschafft«, sagt Lambsdorff schließlich. »Ein riesiger Schritt nach vorn«, glaubt Eizenstat.

**Eine leidenschaftslose Debatte –
Der Bundestag will noch ein Wort mitreden**

In die Geschichte des Bundestags zumindest geht diese Debatte nicht ein. Selbst wenn der Bündnisgrüne Volker Beck von diesem 14. April des Jahres 2000 als einem »historischen Tag« spricht. Vielleicht für seine Fraktion, die sich des Themas frühzeitig angenommen und die Entschädigung früherer Zwangsarbeiter gefordert hatte, aber immer wieder an den Mehrheitsverhältnissen gescheitert war, denn als »Gegner einer finanziellen Regelung dieser Fragen hatte man jahrzehntelang nicht bloß eine zahlungsunwillige und verantwortungslos agierende Industrie«, so der rechtspolitische Sprecher der Bündnisgrünen, sondern auch frühere Bundesregierungen und Gerichte vor sich, die Rechtsansprüche der Opfer abwiesen und selbst eine nur moralische Verantwortung Deutschlands bezweifelten. »Versöhnung«, sagt Beck bei der ersten Lesung des interfraktionell eingebrachten Gesetzentwurfs zur Errichtung einer Stiftung »Erinnerung, Verantwortung und Zukunft« an diesem besagten 14. April, »Versöhnung kann nur auf der Basis der Anerkenntnis von Schuld und der Übernahme der Verantwortung für diese Schuld erwachsen.«[28] Eine Formel, der niemand widerspricht. Denn im Grunde ist das Parlament froh, daß die meisten kniffligen Punkte in den Verhandlungen über einen Entschädigungsfonds für ehemalige Zwangsarbeiter geklärt sind, und »wir mit dem Gesetzentwurf eine Antwort auf eine seit mehr als 50 Jahren ungelöste Frage geben«, wie Bundeskanzler Schröder betont. Und im Grunde bedauert das Parlament jetzt mit Otto Graf Lambsdorff, wie »ärgerlich es ist, daß auch Unternehmen, die sich an der Stiftungsinitiative nicht beteiligen wollen, den von der Stiftungsinitiative erreichten Rechtsfrieden erlangen«. Dem Parlament bleibt neben dem von allen Fraktionen an Lambsdorff erwiesenen Dank nur noch die Aufgabe, wie sie der SPD-Politiker Bernd Reuter skizziert, »die Ergebnisse schwierigster Verhandlungen nun in ein Gesetzgebungsverfahren einzubringen«. Auf die Verhandlungen selbst hatten die Parlamentarier keinen Einfluß, sondern blieben als Statisten präsent, nachdem die rot-grüne Koalition in ihrer Vereinbarung zu Beginn der Legislaturperiode festgeschrieben hatte, eine Stiftung zur Entschädigung der Zwangsarbeiter schaffen zu wollen. Selbst die Innenpolitiker der Regierungsparteien mußten sich während der Verhandlungen immer wieder im Kanzleramt nach dem aktuellen Stand der Dinge erkundigen. In dieser Parlamentsdebatte aber würdigen zumindest die SPD-Politiker ihren Kanzler als einen Mann, der die Entschädigung dieser NS-Opfer frühzeitig als ein Thema der Politik erkannt habe. Und der PDS-Politiker Gregor Gysi nutzt die Gelegenheit, das Primat der Politik hervorzuheben: »Hätten wir dieses Primat nicht, gäbe es auch dieses Gesetz nicht.«

Zwei Monate später setzt sich der Bundestag zur Wehr. Im Innenausschuß machen die Bundestagsabgeordneten parteiübergreifend deutlich, daß sie sich von der Stiftungsinitiative der Wirtschaft im Zusammenhang mit dem Entschädigungsfonds nicht länger vorführen lassen wollen. Der SPD-Politiker Reuter verhehlt seine Verärgerung nicht: »Wir sind für Anregungen der Experten offen, wollen etwas anpacken und stoßen sofort auf Widerstand.« Der Sozialdemokrat skizziert das Dilemma: Jede Änderung am Gesetzentwurf müsse daraufhin abgeglichen werden, ob sie von den Vorgaben der Verhandlungen mit Washington gedeckt ist. Am Ende aber steht der Bundestag in der Verantwortung. Offen gestanden, sagt Reuter, »mir gefällt das nicht«.

Unsicherheitsfaktor ist vor allem die Industrie: Große Teile weigern sich zu zahlen. Da das Gesetz erst dann beschlossen werden kann, wenn Bund und Stiftungsinitiative »ihren Anteil rechtsverbindlich« zugesagt haben, verlangen die Obleute im Innenausschuß von der Industrie schnellstmöglich eine schriftliche Erklärung, bis wann sie das Geld für den Fonds beisammenhaben will. Auf gar keinen Fall wolle sich der Gesetzgeber darauf einlassen, ein Regierungsabkommen mit den USA normativ abzusichern, ohne das bislang nur versprochene Geld in der Kasse zu haben. Die Stiftungsinitiative lehnt es allerdings bei einer öffentlichen Anhörung des Innenausschusses zunächst ab, eine Bürgschaft für die fehlenden Mittel zu übernehmen. Erst Wochen später, kurz vor der parlamentarischen Sommerpause und somit zur letzten Gelegenheit, das Gesetz zu verabschieden, um zumindest grundsätzlich noch im Jahr 2000 mit ersten Auszahlungen beginnen zu können, sichert die Wirtschaft in einem Schreiben an Bundesfinanzminister Eichel zu, auf jeden Fall für den noch ausstehenden Betrag von 1,8 Milliarden Mark geradezustehen.

Schließlich, das betont Bundeskanzler Schröder bei der ersten Lesung des Gesetzentwurfs, »ist es uns Deutschen eine historische Verpflichtung, endlich eine gerechte finanzielle Regelung umzusetzen«. Mit der Stiftung »wollen wir gerade keinen Schlußstrich unter die Geschichte ziehen, ganz im Gegenteil«. Aber, fügt der Regierungschef an, »ich möchte in diesem Kontext unterstreichen, daß Reparationsfragen für mich kein Thema sein können«.

Irritationen aus Athen –
Reparationen sind für Berlin kein Thema

Schröder bringt sich in Stellung. Die Meldung aus Athen am Tag vor der Debatte des Bundestags hat schon für Aufsehen gesorgt. Die Bundesrepublik soll zahlen, befanden Richter des Areopag, Griechenlands oberstem Gericht. Es wies eine von Berlin erhobene Beschwerde gegen ein erstinstanzliches Urteil des Landgerichts der Kreisstadt Livadia zurück. Das Landgericht hatte die Bundesrepublik Monate zuvor dazu verurteilt, 56 Millionen Mark an die Hinterbliebenen der Opfer eines von der SS in Griechenland verübten Massakers zu zahlen. Zu den Klägern gehören 296 Bürger des Dorfes Distomon, das am 10. Juni 1944 von SS-Männern zerstört wurde. Um Vergeltung für einen Überfall von Partisanen zu üben, töteten die Deutschen 218 Dorfbewohner. Der Areopag verweist darauf, daß die Staaten-Immunität nur im Fall bewaffneter Auseinandersetzungen gelte, nicht aber für Racheakte an Zivilpersonen. Die Entscheidung des Gerichts könnte weitreichende Folgen haben, etliche weitere Klagen auf Reparationen sind noch anhängig. Auch international dürfte der Richterspruch durchaus Resonanz finden – denn bei den Verhandlungen über den Entschädigungsfonds beharrt die US-Regierung auf Reparationszahlungen für ehemalige Kriegsgefangene.

Berlin macht bereits Anfang des Jahres 2000 deutlich, sich darauf auf gar keinen Fall einlassen zu wollen. Dabei sah nach der Übereinkunft von Mitte Dezember doch alles bereits ganz gut aus. Doch Eizenstat läßt keinen Zweifel aufkommen: Die von der deutschen Seite geplante Stiftung müsse in der Lage sein, potentiell alle vorstellbaren Forderungen zu erfüllen, die im Zusammenhang mit der Zeit des Nationalsozialismus gegen die deutsche Industrie noch erhoben werden könnten – Betonung auf »alle«. Nur dann gewähre die US-Regierung in einem »Statement of interest« die umfassende Rechtssicherheit vor weiteren Sammelklagen, die Regierung und Industrie in Deutschland als Gegenleistung für die versprochenen Entschädigungszahlungen anstreben.

Die von Washington aufgeworfene Reparationsfrage überrascht die Bundesregierung. Zumal im Zusammenhang mit US-amerikanischen Kriegsgefangenen, die nach dem Krieg nichts bekommen hätten. Die USA, so versuchen sich Koalitionskreise in Berlin die neuerliche Variante zu erklären, versuchen jetzt offenbar »eine zusätzliche Klientel ins Boot zu holen«. Dabei sei aber doch klar: Es gehe zu Lasten der anderen Opfer, für die dieser Entschädigungsfonds eigentlich gedacht sei. Denn draufgelegt werde jetzt nach den monatelangen Verhandlungen nichts mehr.

Den neuerlichen Ansprüchen aus Washington hält Berlin gleich das Londoner Schuldenabkommen von 1953 und den »Zwei-plus-Vier«-Vertrag im Zuge der deutschen Vereinigung entgegen. Damit stelle sich die Frage nach Reparationen nicht, Kriegsgefangene seien ohnehin grundsätzlich von Entschädigungszahlungen ausgeschlossen worden. Im Prinzip, bemerkt dazu Lambsdorff, hätten die Amerikaner in Aussicht gestellt, »eine zufriedenstellende Erklärung« im Hinblick auf die Rechtssicherheit für deutsche Unternehmen abzugeben. Zugleich aber mache Washington jetzt deutlich, doch noch einen Vorbehalt zu haben – die eigenen Kriegsgefangenen. Dahinter vermutet Lambsdorff amerikanische Veteranenverbände, eine zumal im Wahlkampf mächtige Lobby in den USA. Berlin aber zieht die Notbremse. Die Kriegsgefangenen wären ein Einfallstor für weitere Forderungen. »Man braucht ja niemandem zu sagen«, unterstreicht der deutsche Unterhändler, »was es bedeuten würde, wenn wir die Reparationsdebatte weltweit über uns hereinbrechen lassen würden, und wer sich dann alles bei uns einfinden und Ansprüche stellen würde.«

Ungereimtheiten des Gesetzentwurfs – Wer was kriegt, und wer nicht

Neulich, so Ulrich Herbert, habe ihm ein alter Pole erzählt, wie das damals gewesen sei, als Zwangsarbeiter für deutsche Unternehmen schuften zu müssen. Der Pole habe im Gespräch mit dem Freiburger Zeithistoriker deutlich gemacht: Für die Opfer stellte es sich eigentlich als unerheblich dar, in welchem Lager sie eingepfercht wurden. »Unser Gefängnis«, sagte der alte Pole, »hieß Deutschland.«

Herbert erzählt die Geschichte, um auf eine »Ungereimtheit« des Gesetzentwurfs zur Errichtung der Stiftung hinzuweisen. Ausgegangen werde von den Haftbedingungen. Kriterium für die Vergabe von Geld aus diesem Entschädigungsfonds könne aber allein die Zwangsarbeit als solche sein. Der Bündnisgrüne Volker Beck sieht das ähnlich: Die Kriterien für Zwangsarbeiter, die die Nationalsozialisten in Konzentrationslager gepfercht hatten, seien sicherlich zu eng gefaßt. Nur wenn diese Lager ständig von der SS bewacht wurden, erfüllten die Opfer die im Gesetzentwurf vorgesehenen Haftbedingungen. Das aber hält Beck für ahistorisch. Schließlich seien viele Lager zum Ende des Krieges hin gar nicht mehr bewacht worden.

Das Bundesfinanzministerium zeichnet für den Entwurf verantwortlich. Das ist nun nicht gerade eine Quelle, die Opferverbände nach früheren Erfahrungen als besonders wohlwollend in Erinnerung hätten. Entsprechend genau nehmen sich die Opfervertreter den Gesetzentwurf vor. Lothar Evers vom Bundesverband Information für NS-Verfolgte legt auch gleich den Finger in die Wunde: Von Gerechtigkeit könne keine Rede sein, weil Opfer aus Staaten Mittel- und Osteuropas nicht berücksichtigt würden. Denn sie waren an den Verhandlungen nicht beteiligt, weil es in Ungarn oder im ehemaligen Jugoslawien beispielsweise keine Versöhnungsstiftungen gibt, über die im Zuge der Wiedervereinigung Mittel aus Deutschland flossen. Über diese Stiftungen jedoch sollen die Entschädigungszahlungen an ehemalige Zwangsarbeiter abgewickelt werden. Für die von den Verhandlungen ausgenommenen Länder bleibt in dem Kompromiß noch ein Posten übrig – »Rest der Welt«. Dafür standen bei der ursprünglichen Kalkulation 800 Millionen Mark bereit, bevor das Gezerre um die Verteilung der Mittel einsetzte. Inzwischen ist die Summe um 260 Millionen Mark geschrumpft. Daher sieht sich Evers vor einem Kuriosum: Es sei damit zu rechnen, daß die Überlebenden aus dem »Rest der Welt« ihren Anspruch an den Fonds einklagen. Damit aber stände der von den Unternehmen abgewonnene Sinn dieses Entschädigungstopfs wieder dahin – ein Rechtsfrieden ließe weiterhin auf sich warten.

Evers gehört zu den Unterzeichnern einer »Berliner Erklärung«, in der die zentralen Einwände gegen den Entwurf noch einmal bilanziert werden. Ein großer Teil des Geldes, heißt es in der auch vom Internationalen Auschwitzkomitee mitgetragenen Erklärung, werde »zweckentfremdet«. Zu bemängeln sei vor allem, daß mit den zehn Milliarden Mark »auch alle weiteren Verbrechen, in die deutsche Unternehmen verwickelt waren«, abgerechnet werden sollen. Der Raub »unseres Vermögens hat mit der Entschädigung für unsere Versklavung nichts, aber auch gar nichts gemein. Wir werden es nicht zulassen, daß dieser Raub in die Entschädigungsregelung für Zwangsarbeit eingeschmuggelt wird.«

Strittig ist für manche auch die im Gesetzentwurf vorgeschlagene Frist für Anträge. Acht Monate seien dafür zu kurz bemessen. Vier weitere könnten die Opfer sicherlich gut gebrauchen. Zugleich bedürfe es einer Instanz, die die Vergabe der Mittel durch die ost- und mitteleuropäischen Stiftungen prüft.

Ein weiterer Knackpunkt bleibt lange Zeit die Frage, wer überhaupt Ansprüche an den Entschädigungsfonds richten kann. In dem Entwurf ist festgelegt, daß die Opfer ins Deutsche Reich in den Grenzen von 1937 deportiert worden sein müssen. Das aber hieße: Viele Zwangsarbeiter aus Osteuropa und Österreich gehen leer aus. Das Problem Österreich klärt sich erst, als Wien beschließt, daß Staat und Industrie einen mit umgerechnet 860 Millionen Mark ausgestatteten Entschädigungsfonds schaffen. Eine entsprechende Vereinbarung unterzeichnen die österreichische Regierung und Eizenstat Anfang Oktober.

Der Bundestag kann bis Anfang Juli 2000 eine Reihe von Kritikpunkten klären. Am 6. Juli verabschiedet das Parlament endlich das Gesetz und macht damit 55 Jahre nach dem Ende des Zweiten Weltkriegs den Weg zur Entschädigung ehemaliger Zwangsarbeiter frei. 556 Abgeordnete stimmen zu, 42 Parlamentarier von CDU und CSU votieren dagegen, 22 Abgeordnete von CDU/CSU, FDP und PDS enthalten sich. In der Präambel zu dem Gesetz heißt es:

»In Anerkennung, daß der nationalsozialistische Staat Sklaven- und Zwangsarbeitern durch Deportation, Inhaftierung, Ausbeutung bis hin zur Vernichtung durch Arbeit und durch eine Vielzahl weiterer Menschenrechtsverletzungen schweres Unrecht zugefügt hat, deutsche Unternehmen, die an dem nationalsozialistischen Unrecht beteiligt waren, historische Verantwortung tragen und ihr gerecht werden müssen, die in der Stiftungsinitiative der deutschen Wirtschaft zusammengeschlossenen Unternehmen sich zu dieser Verantwortung bekannt haben, das begangene Unrecht und das damit zugefügte menschliche Leid auch durch finanzielle Leistungen nicht wiedergutgemacht werden können, das Gesetz für diejenigen, die als Opfer des nationalsozialistischen Regimes ihr Leben verloren haben oder inzwischen verstorben sind, zu spät kommt, bekennt sich der Deutsche Bundestag zur politischen und moralischen Verantwortung für die Opfer des Nationalsozialismus. Er will die Erinnerung an das ihnen zugefügte Leid auch für kommende Generationen wachhalten. Der Deutsche Bundestag geht davon aus, daß durch dieses Gesetz das deutsch-amerikanische Regierungsabkommen sowie die Begleiterklärungen der US-Regierung und die gemeinsame Erklärung aller an den Verhandlungen beteiligter Parteien ein ausreichendes Maß an Rechtssicherheit deutscher Unternehmen und der Bundesrepublik Deutschland insbesondere in den Vereinigten Staaten von Amerika bewirkt wird.«

Ein »historischer Tag« in Berlin –
Zehn Milliarden Mark für den freien Zugang zum US-Markt

Für Stuart Eizenstat ist es ein »historischer Tag«. Auch Bundesaußenminister Joschka Fischer wird dieser 17. Juli 2000 in Erinnerung bleiben, weil dieser Tag für »ein historisches Datum« steht. Otto Graf Lambsdorff ist ebenfalls sichtlich gerührt, als im Auswärtigen Amt in Berlin Vertreter fünf mitteleuropäischer Staaten, der USA, Israels, der Bundesrepublik Deutschland, der deutschen Industrie, der Jewish Claims Conference und die US-amerikanischen Anwälte ein Dokument unterzeichnen, das den Schlußakkord setzt – das Abkommen über die Entschädigung ehemaliger Zwangsarbeiter, das »abschließende humanitäre Zeichen aus moralischer Verantwortung, Solidarität und Selbstachtung«, ist nach mehr als anderthalbjährigen Verhandlungen unter Dach und Fach. Fortan soll sich eine Bundesstiftung um die Umsetzung des Vereinbarten kümmern. Zehn Milliarden Mark bietet der Kontrakt für die Rechtssicherheit vor weiteren Ansprüchen von NS-Opfern auf. Denn es »läge im Interesse der Beteiligten, wenn die Stiftung die einzige rechtliche Möglichkeit und das ausschließliche Forum für die Behandlung aller geltend gemachten oder künftig möglicherweise geltend gemachten Ansprüche gegen deutsche Unternehmen aus der Zeit des Nationalsozialismus und dem Zweiten Weltkrieg wäre«.[29]

Der Vereinbarung zugrunde liegt ein parallel abgeschlossenes Abkommen zwischen der Regierung der Bundesrepublik Deutschland und der

Regierung der Vereinigten Staaten von Amerika. Das Abkommen erkennt »das Bedürfnis deutscher Unternehmen nach umfassendem und andauerndem Rechtsfrieden« als legitim an und konstatiert, daß »die Stiftung alle geltend gemachten oder künftig möglicherweise geltend gemachten Ansprüche gegen deutsche Unternehmen aus der Zeit des Nationalsozialismus und dem Zweiten Weltkrieg abdeckt«. Daher liege es auch im Interesse der Vertragsparteien, wenn die Stiftung »die einzige rechtliche Möglichkeit und das ausschließliche Forum für die Regelung dieser Ansprüche wäre«. Der Konjunktiv verweist darauf, was Lambsdorff der Wirtschaft während der Verhandlungen immer wieder versucht hat, deutlich zu machen – eine 100prozentige Rechtssicherheit werde es nun mal von seiten der US-Regierung nicht geben können. Sollten also dennoch weitere Forderungen von NS-Opfern oder ihren Nachkommen bei US-Gerichten in diesem Zusammenhang erhoben werden, sagt die US-Regierung zu, zu intervenieren – mit einem Statement of interest. Damit bekundet Washington, daß es »im außenpolitischen Interesse der Vereinigten Staaten läge, wenn die Stiftung die einzige rechtliche Möglichkeit und das ausschließliche Forum für die Regelung von Ansprüchen wäre, die gegen deutsche Unternehmen (...) geltend gemacht werden«. Im Interesse der USA sollten die Ansprüche abgewiesen und an die Stiftung delegiert werden. Zugleich nimmt die US-Regierung von den bis zum Schluß der Verhandlungen strittigen Reparationsansprüchen Abschied. Und Washington geht noch einen Schritt weiter: Die USA »ergreifen geeignete Maßnahmen zur Abwehr jeglicher Infragestellung der Staatenimmunität der Bundesrepublik Deutschland in bezug auf Ansprüche, die gegen die Bundesrepublik Deutschland bezüglich der Folgen des Zweiten Weltkriegs und des Nationalsozialismus gegebenenfalls geltend gemacht werden«.

Drei Anlagen ergänzen den Kontrakt. Sie stecken die Grundsätze für die Arbeit der Stiftung ab, skizzieren das Statement of interest und legen fest, was überhaupt mit dem Begriff »deutsche Unternehmen« gemeint ist. Von weitreichender Bedeutung für die deutsche Innenpolitik ist dabei Anhang A, der die Grundzüge der nun zu schaffenden Stiftung festschreibt, die Kriterien für die Vergabe von Entschädigungsmitteln auflistet und ausdrücklich darauf hinweist, daß Zwangsarbeiter nicht gleichzeitig aus dem deutschen und dem österreichischen Fonds bedient werden können. Damit ist festgeschrieben, was Bestandteil eines Stiftungsgesetzes sein wird. Dieses Gesetz werde, darauf verweist die Anlage explizit, vorsehen, »daß jede Person, die einen Antrag auf Leistungen aus Mitteln der Stiftung stellt, bei Erhalt der Zahlung von der Stiftung erklären muß, daß sie auf alle weiteren Ansprüche gegen deutsche Unternehmen aus der Zeit des Nationalsozialismus und auf alle Ansprüche aufgrund von Arbeit oder Vermögensschäden aus der Zeit des Nationalsozialismus gegen die deutsche Regierung verzichtet« (Anlage A).

Die Zweifel des Jiri Sitler –
Opfer warten auf das Versprechen der deutschen Wirtschaft

Historischer Tag und moralische Verantwortung. Jiri Sitler will davon nun wirklich nicht sprechen. »Wir haben nur unsere Arbeit gemacht«, sagt der Leiter der tschechischen Delegation an diesem 17. Juli in Berlin. Erst wenn die Entschädigungszahlungen wirklich bei den Opfern angekommen seien, erst dann, unterstreicht Sitler, könne man davon sprechen, etwas Gutes für die Menschen getan zu haben.

Sitlers Skepsis erweist sich in den folgenden Monaten als ausgesprochen weitsichtig. Denn die Werbekampagnen bringen die Stiftungsinitiative nicht voran. Anfang Oktober, eine Woche nach dem Start der jüngsten Aktion mit ganzseitigen Anzeigen in den überregionalen Tageszeitungen, sieht sich die Initiative zum Rückzug veranlaßt: Die deutsche Wirtschaft bringt nach wie vor ihren Anteil am Entschädigungsfonds nicht zusammen. Kleine Millionenbeiträge kämen allenfalls wöchentlich hinzu, berichtet Gibowski. »In absehbarer Zeit« sei die Stiftungsinitiative nicht in der Lage, den fehlenden Betrag an die Stiftung zu überweisen. Es sei denn, der Beitrag ehemaliger Staatsunternehmen werde auf dem Konto der Wirtschaft verbucht.

Der Kanzler macht noch einmal Druck. Er verstehe nicht, daß die Wirtschaft noch immer Probleme habe, die zugesagten fünf Milliarden Mark zusammenzubekommen. Die Erwartung der Bundesregierung sei allerdings ganz deutlich, fügt Gerhard Schröder hinzu. Berlin gehe davon aus, daß die Industrie ihre Zusage einhalte. Klar sei im übrigen auch, befindet

Bundesfinanzminister Eichel: Die ehemaligen Bundesunternehmen wie Post und Telekom leisten ihren Beitrag auf seiten des Staates, nicht für die Wirtschaft. Einen wiederholten Vorstoß der Stiftungsinitiative in dieser Angelegenheit schmettert der Minister ab. Dennoch zeigt sich Gibowski weiterhin beharrlich: Nach dem Aktienrecht gehörten die Unternehmen zur Wirtschaft und müßten sich daher auch für die Stiftungsinitiative an dem Entschädigungsfonds beteiligen. Eichel solle in diesem Zusammenhang nicht »so stur bleiben«.

Zugleich machen die US-Anwälte ihre Arbeit. Aus dem Büro Hausfeld heißt es, sämtliche Vertreter der Sammelklagen seien bereit, sich für Entschädigungszahlungen an den Fonds zu wenden. Damit steht einer Zurückweisung der Klagen durch US-Richter nichts mehr im Wege.

Mehr als sechs Jahrzehnte, nachdem die Nationalsozialisten ihr Programm der Zwangsarbeit gestartet hatten, sehen die Überlebenden einer auch materiellen Anerkennung ihres Leids entgegen. Ohne die Sammelklagen, die damit drohenden Imageschäden und die von den Großbanken wegen ihrer Arisierungsgeschäfte befürchteten Forderungen jüdischer Organisationen wäre die deutsche Wirtschaft niemals zu dieser Geste moralischer Verantwortung bereit gewesen. Selbst wenn Adenauer bereits 50 Jahre zuvor von einer Pflicht zur moralischen wie materiellen Wiedergutmachung gesprochen hatte, fühlten sich deutsche Unternehmen, die ihre Kriegsproduktion ohne Zwangsarbeiter gar nicht hätten aufrechterhalten können, nicht angesprochen. Das gilt für die meisten Firmen bis heute. Sie schweigen, sie tauchen ab, sie erklären ihre Unternehmungen plötzlich wieder zu ihren ganz privaten Angelegenheiten, und sie machen der Politik schroff deutlich, wo deren Grenzen liegen. Einen Gefallen tun sie der Republik damit nicht.

Der Trick des Grafen –
Wie sich die Stiftung an die Arbeit macht

Der Graf denkt sich einen Coup aus. Im Hintergrund will Lambsdorff weiterhin die Fäden in der Hand behalten, auch wenn inzwischen erst einmal alles gelaufen scheint. Für die Wahl des dreiköpfigen Vorstands der Bundesstiftung setzt der Graf – schon bevor eine Mark an die Opfer geflossen ist, von Bundespräsident Johannes Rau für sein Verhandlungsgeschick mit dem Großkreuz des Verdienstordens der Bundesrepublik Deutschland Anfang Dezember 2000 ausgezeichnet –, im Bundeskanzleramt offensichtlich seine Kandidaten durch. Berlin benennt zunächst Lorenz Schomerus und Hans Otto Bräutigam als Bewerber. Der dritte Posten steht der Stiftungsinitiative der Wirtschaft zu. Am 1. September kommt erstmals das Kuratorium zusammen, dem Dieter Kastrup, der deutsche Botschafter bei den Vereinten Nationen, vorsteht.

Schomerus gilt als Intimus von Lambsdorff – aus gemeinsamen Zeiten im Bundeswirtschaftsministerium. Lambsdorff leitete die Behörde, Schomerus das Referat »Industrielle Grundsatzfragen«. Bräutigam war früher brandenburgischer Justizminister und zählt ebenfalls zu den Vertrauten des Grafen. Doch das Kuratorium bittet beide Kandidaten nicht einmal zu einem Vorstellungsgespräch. Opferverbände und Vertreter der Stiftungsinitiative sind sich einig – die beiden Herren wollen sie nicht. Die Stiftung, befindet Gibowski, brauche professionelle Vorsitzende, »die arbeiten können«, keine Honoratioren. Offiziell gibt Kastrup als Begründung aus: Die Wahl des Vorstands sei verschoben worden, weil die Wirtschaft noch keinen Kandidaten benannt habe.

Der ist in den kommenden Wochen schnell gefunden. Die Stiftungsinitiative präsentiert Michael Jansen. Das liegt nahe. Denn Jansen kennt sich in Osteuropa aus. Aufregende Zeiten, damals. Diesen Sonntag vergißt Jansen bestimmt nicht. Wie er in die Turnhalle kam. Wie er auf den Tisch kletterte. Wie er sich an diesem 10. September 1989 Gehör verschaffte. Ein aufregender Tag im Leben des Ministerialdirektors Jansen. Bundesaußenminister Hans-Dietrich Genscher hatte ihn als Sonderbotschafter nach Ungarn entsandt. Wie er also in der Turnhalle auf dem Tisch stand und den Flüchtlingen aus der noch real existierenden DDR zurief: »Die Grenze wird geöffnet«, und er sei im Namen der bundesrepublikanischen Regierung gekommen, um den Ausreisewilligen die Fahrt ins gelobte Land bereits in den nächsten Tagen möglich zu machen.

Danach quittiert Jansen seinen Job und heuert als Generalbevollmächtigter bei DegussaHüls an. In der Frankfurter Zentrale macht er eine weitere Erfahrung, die ihn für den Stiftungsvorstand prädestiniert. Denn Jansen ist ein deutscher Manager, der schon mal mit früheren Zwangsarbeiterinnen gesprochen hat.

Das kam, weil die Tochter eines früheren Degussa-Direktors einfach nicht lockerlassen wollte. Brigitte A. drängelt die Chefetage des Konzerns. Ihr Vater hatte während des Zweiten Weltkriegs eine Führungsposition bei Degussa inne. Der Konzern betraute ihn mit der Aufgabe, in Gliwice (Gleiwitz) eine Rußfabrik aufzubauen. Eine Tochterfirma der Degussa entstand, die teilhaben wollte an dem lukrativen Rußgeschäft. Ohne Ruß keine Reifen, und Reifen brauchte die Wehrmacht. Die Rußfabrik bauten Zwangsarbeiterinnen und Zwangsarbeiter aus Polen mit auf. Nach dem Krieg wollte davon in der Zentrale der Degussa in Frankfurt am Main keiner mehr etwas wissen. Das Thema spielte ja auch eigentlich keine Rolle. Bis Brigitte A. schließlich Fragen stellt, die keiner hören will. Die Degussa, sagt sie, »schaltete auf stur«[30].

In Polen lernt Brigitte A. sieben Zwangsarbeiterinnen kennen, die damals in Gliwice gearbeitet haben. Für sie will Brigitte A. bei der Degussa etwas erreichen. Sie konfrontiert Jansen 1998 öffentlich mit dem Anliegen der ehemaligen Zwangsarbeiterinnen. Ausgerechnet im IG-Farben-Haus in Frankfurt am Main, ausgerechnet bei einer Veranstaltung, zu der das Fritz-Bauer-Institut, ein Lern- und Dokumentationszentrum zur Erforschung des Holocaust, viele frühere Zwangsarbeiter eingeladen hat.

Jansen verspricht Brigitte A., sich der Opfer anzunehmen. Kurze Zeit später trifft der Vorstand der Degussa eine Entscheidung. Jansen will darüber nicht viel Worte machen, nur soviel – die Polinnen bekommen von dem Unternehmen Geld. Wieviel, sagt Jansen nicht. Das sagt auch Brigitte A. nicht. Stillschweigen haben sie vereinbart. Jansen will die Entscheidung des Vorstands auch nicht an die große Glocke hängen. »Eine humanitäre Geste«, sagt Jansen, keine Entschädigung, das hebt er hervor.[31] Seit dem Treffen 1998 mit den Polinnen steht für Jansen fest: »Wir brauchen eine große Lösung.« Einzelne Unternehmen können das nicht in den Griff kriegen. Unmittelbar nach seiner Wahl habe Bundeskanzler Schröder das erkannt. Der Regierungschef habe einen Weg gefunden, blickt Jansen zurück, »auf dem es um humanitäre Lösungen, aber nicht um Reparationen ging«.[32]

20. September 2000, Berlin. Das Kuratorium der Stiftung wählt den Vorstand. Für die Regierung übernehmen Bräutigam und der frühere Botschaf-

ter Israels in Deutschland, Avi Primor, einen Sitz. Vorsitzender des Gremiums aber wird der Kandidat der Wirtschaft, Jansen. Seine Zeit ist knapp. Schnell müssen Anlaufstellen für die Opfer geschaffen werden. Mitte 2001 sollen die Zahlungen beginnen. Die im Zuge der deutschen Einheit geschaffenen Versöhnungsstiftungen in Osteuropa haben das abzuwickeln. Dafür verfügt Polen über rund 1,8 Milliarden, die Ukraine über reichlich 1,7 Milliarden, Rußland über gut 800 Millionen, Weißrußland über knapp 700 Millionen und Tschechien über gut 400 Millionen Mark aus dem Entschädigungsfonds. Zunächst schließt die Bundesstiftung mit den Versöhnungsstiftungen Kontrakte, um die Modalitäten zu klären. Eine Aufgabe, die Günter Saathoff übernimmt. Er ist ein Fraktionsmitarbeiter der Grünen und seit dem Einzug seiner Partei in den Bundestag mit der Materie vertraut. Ein ausgewiesener Kenner. Deswegen kamen Opferverbände, die im Kuratorium vertreten sind, auch auf die Idee, Saathoff für den Vorstand zu nominieren. Auch die Stiftungsinitiative der Wirtschaft sagte ihre Stimme zu. Bis zum Tag der Abstimmung stand dem Bewerber nichts entgegen, am Tag der Abstimmung stand der Kandidat nicht mehr zur Verfügung.

Das ist eine Geschichte, die die Opferverbände nachhaltig erschüttert. Sie erzählen sie dann so: Am Tag vor der Wahl des Vorstands läßt der Kanzler seinen Außenminister, einen Parteifreund Saathoffs, wissen, daß ihm der Kandidat nicht passe. Daraufhin setzt sich Joschka Fischer wiederum mit dem rechtspolitischen Sprecher der Grünen-Fraktion in Verbindung. Fischer macht Volker Beck am Abend vor der Wahl des Vorstands klar, daß der Bewerber im Kanzleramt ausgesprochen unerwünscht sei. Beck weiß, was zu tun ist. Zum Schluß klingelt das Telefon bei Saathoff. Zu später Stunde ist Beck am Apparat. Er legt seinem Parteikollegen nahe, am nächsten Tag auf eine Kandidatur zu verzichten. Wegen seiner eigenen Perspektiven wäre das wohl besser.

Brigitte A. erhielt neulich auch einen Anruf. Eine Freundin von früher. Jahrelang sprachen sie kein Wort miteinander. Die Freundin nahm ihr krumm, daß sie der Sache mit ihrem Vater auf den Grund gehen wollte. Deswegen hörte sie lange Zeit von der Freundin nichts. Kürzlich aber meldete die sich doch noch einmal, erzählt Brigitte A., weil sie gehört hatte, daß das mit den Zwangsarbeitern jetzt geregelt worden sei. Die frühere Freundin sagte nur: »Du hattest recht.«

Fünftes Kapitel
Geschichte der Gegenwart, Gegenwart der Geschichte – Verständigungsverhältnisse in Zeiten der Einheit

Das Abkommen über die Entschädigung ehemaliger Zwangsarbeiter setzt gewissermaßen den Schlußpunkt. Von hier geht eine neue Ära aus. Zumindest der deutschen Geschichte. Denn wenn die Opfer des Nationalsozialismus keine Ansprüche mehr anmelden, wenn sie in absehbarer Zeit sterben, und wenn zu Beginn des 21. Jahrhunderts zwar spät, aber immerhin, alles abgerechnet ist – was bringt die Täter und ihre Erben noch dazu, sie in Erinnerung zu behalten, sich Gedanken zu machen über die Erinnerungskultur in Deutschland jenseits beteuernder Formeln eines »Nie wieder«? Was bedeutet dies im Zusammenhang mit dem Holocaust als bislang vielleicht zentralem gemeinsamen Nenner, einer Gründungsformel gleich – wird er für eine deutsch-deutsche Identität künftig prägend sein?

Der Schlußpunkt ist gesetzt, die Stiftung mit dem programmatischen Titel »Erinnerung. Verantwortung. Zukunft« arbeitet. Sie steht am Ende einer dreijährigen, in die breite Öffentlichkeit wirkenden Debatte, die bei den Älteren Erinnerungsbestände aus dem nationalsozialistischen Alltag freilegte und bei den Jüngeren die Frage aufwarf, wie Deutschland »im Zweiten Weltkrieg zum Sklavenhalterstaat«[1] werden konnte. Die Diskussion macht überaus konkret, was beispielsweise die Kontroverse um Goldhagen und seine politische Anthropologie noch Mitte der 90er Jahre im Abstrakten belassen hatte. Von einer erinnerungskulturellen Lethargie, die gegen das »Nie wieder« ein »Nicht schon wieder« setzt, kann keine Rede sein.

Dann passiert doch wieder etwas, was manche Politiker, die sich bereits auf der sicheren Seite des 21. Jahrhunderts glaubten, als einen Rückschlag begreifen. In Düsseldorf werden im Juli 2000 an einer S-Bahn-Station jüdische Emigranten aus Osteuropa nach dem Besuch eines Deutschkurses bei einem Anschlag zum Teil schwer verletzt. Der Schock sitzt tief: Deutschland hat als Schutzmacht osteuropäischer Juden versagt. Der wirkliche Hintergrund der Tat bleibt zunächst ungeklärt. Doch der Anschlag liefert den Impuls zu einer bis dahin weitgehend verdrängten Diskussion.

Deutlich wird: Deutsche Stammtische, Neokonservative, rechtspopulistische Altkonservative und nationalpopulistische Sozialdemokraten haben Rechtsradikalen, Rechtsextremen und Neonazis ein Terrain bereitet, auf dem sie sich als gesellschaftsfähig erweisen mochten und sich zugleich hin zu einer bis dahin nach dem Krieg ungeahnten Gewaltbereitschaft radikalisierten. Plötzlich reden alle über Rechtsextremismus in der Bundesrepublik, halten das für einen Nachteil für den Standort Deutschland, wollen aber am Ende nicht dabeigewesen sein, wenn von nützlichen und unbrauchbaren Ausländern, von Greencard-Trägern und »Scheinasylanten« die Rede war und weitere Verschärfungen des Asylrechts zur Debatte standen. Der Reflex auf den Rechtsextremismus ist nur allzu bekannt: Während die Konservativen ihre Bedeutung als Integratoren des rechten Randes hervorheben, schlagen manche Linke noch einmal eine Schlacht, die sie als nachgeholten Widerstand verstehen.

Wolfgang Thierse hadert im Herbst des zunächst so vielversprechenden Jahres 2000 mit dem Zustand der Republik. Der Bundestagspräsident geht zwar davon aus: Es gibt einen weitgehenden Konsens darüber, sich der Verbrechen der Nationalsozialisten zu erinnern. Aber, fügt er in einer Rede in der Gedenkstätte Buchenwald bei Weimar an, aber wenn dem so ist, warum gelingt es dann nicht, »aus Scham eine einmütige Haltung zu gewinnen?« Thierse stellt diese Frage keineswegs nur rhetorisch. In der Nacht zum 3. Oktober des Jahres 2000 schmieren Unbekannte pünktlich zum zehnten Jahrestag der deutschen Einheit in Buchenwald Hakenkreuze.

Der SPD-Politiker Thierse meldet aus Anlaß einer internationalen Tagung zur »Zukunft der Erinnerung« vielmehr weitgehende Zweifel daran an, was die nun wirklich keinen unbeträchtlichen Raum einnehmende Erinnerungskultur in Deutschland gerade bei den Jungen bringt. Thierse fühlt sich an den ein Jahr zuvor verstorbenen Präsidenten des Zentralrats der Juden in Deutschland, Ignatz Bubis, erinnert. Der hatte kurz vor seinem Tod mit einer gehörigen Portion Skepsis ob der von ihm geleisteten Aufklärung über den Holocaust die Frage aufgeworfen: Vielleicht hätte er, Bubis, nicht die Schüler, sondern die Lehrer aufsuchen sollen, um Dialoge zu führen.

Thierse führt das zu seiner Suche nach Gründen zurück. Er bietet neben anderen vor allem diese beiden an: Tabubrüche und andere Arglosigkeiten. Seinen Standesgenossen wirft der Bundestagspräsident vor, sich nicht mehr die Mühe zu machen, Demokratie zu begründen. Die Verfaßtheit als Republik sei allerdings alles andere als selbstverständlich, sagt Thierse eindringlich, will damit aber an diesem fürwahr historischen Ort sicherlich nicht sagen, daß Berlin nun drohe, ein zweites Weimar zu werden. Für gewichtiger als die Defizite bei den legitimatorischen Begründungsleistungen der Politik selbst hält Thierse jedoch eine sich für ihn seit 1968 in Deutschland entwickelnde »Kultur des Tabubruchs«, dessen vorläufiges Ende wohl mit der Kontroverse zwischen Bubis und dem Schriftsteller Martin Walser mitten auf dem Weg ins 21. Jahrhundert erreicht worden sei: Walser hat 1998 in der Frankfurter Paulskirche den Friedenspreis des Deutschen Buchhandels entgegengenommen und die Gelegenheit genutzt, um eine »Sonntagsrede« zu halten. Ausgerechnet in der Paulskirche. Der Autor spricht an dem Ort, an dem politische Honoratioren noch wenige Monate zuvor pünktlich zum Jahrestag einer Revolution in Deutschland nach Anknüpfungspunkten zwischen der deutschen Nationalversammlung und den demokratischen Impulsen von 1848 und der sich noch nicht zurechtfindenden Berliner Republik gesucht hatten. In seiner Rede geißelt Walser den öffentlichen Gebrauch von Auschwitz als einer »Moralkeule« und fordert für sich selbst das Recht ein, mit seiner Erinnerung an die Verbrechen für sich selbst bleiben zu wollen:

»Jeder kennt unsere geschichtliche Last, die unvergängliche Schande, kein Tag, an dem sie uns nicht vorgehalten wird. Könnte es sein, daß die Intellektuellen, die sie uns vorhalten, dadurch, daß sie uns die Schande vorhalten, eine Sekunde lang der Illusion verfallen, sie hätten sich, weil sie wieder im grausamen Erinnerungsdienst gearbeitet haben, ein wenig entschuldigt, seien für einen Augenblick sogar näher bei den Opfern als bei der Tätern? Eine momentane Milderung der unerbittlichen Entgegengesetztheit von Tätern und Opfern. Ich habe es nie für möglich gehalten, die Seite der Beschuldigten zu verlassen. Manchmal, wenn ich nirgends mehr hinschauen kann, ohne von einer Beschuldigung attackiert zu werden, muß ich mir zu meiner Entlastung einreden, in den Medien sei auch eine Routine des Beschuldigens entstanden. Von den schlimmsten Filmsequenzen aus Konzentrationslagern habe ich bestimmt schon zwanzigmal weggeschaut. Kein ernstzunehmender Mensch leugnet Auschwitz; kein noch zurechnungsfähiger Mensch deutet an der Grauenhaftigkeit von Auschwitz herum; wenn mir aber jeden Tag in den Medien diese Vergangenheit vorgehalten wird, merke ich, daß sich in mir etwas gegen diese Dauerpräsentation unserer Schande wehrt. Anstatt dankbar zu sein für die unaufhörliche Präsentation unserer Schande, fange ich an wegzuschauen. Ich möchte verstehen, warum in diesem Jahrzehnt die Vergangenheit präsentiert wird wie noch nie zuvor. Wenn ich merke, daß sich in mir etwas dagegen wehrt, versuche ich, die Vorhaltung unserer Schande auf Motive hin abzuhören, und bin fast froh, wenn ich glaube, entdecken zu können, daß öfter nicht mehr das Gedenken, das Nichtvergessendürfen das Motiv ist, sondern die Instrumentalisierung unserer Schande zu gegenwärtigen Zwecken. Immer guten Zwecken, ehrenwerten. Aber doch Instrumentalisierung.«[2]

Die Paulskirche applaudiert dem Schriftsteller, der für sich in Anspruch nimmt, als Schriftsteller gesprochen zu haben. Nur wenige steigen nicht ein in diesen Lobgesang der Erleichterung über einen, der sich getraut hat, und über manches, was offensichtlich immer schon mal gesagt werden mußte. Ignatz Bubis und seine Frau bleiben sitzen. Wenig später widerspricht der Präsident des Zentralrats dem Schriftsteller öffentlich. Daraus entwickelt sich eine Debatte, die als Walser-Bubis-Kontroverse in den Pool der Erörterungen gehört, die sich die Republik seit dem Ende der staatlichen Teilung immer wieder als Verständigungsmedium wählte.

Vielleicht vermitteln ja die Auseinandersetzungen über die Dokumentation der Verbrechen der deutschen Wehrmacht zwischen 1941 und 1944, die provozierenden Thesen des US-Historikers Daniel Jonah Goldhagen und schließlich die Walser-Bubis-Kontroverse den Eindruck, als stritten die Bürger dieses Landes auf einem durchaus hohen Niveau über die öffentliche Rezeption des Holocaust, ohne ihn allerdings grundlegend in Frage zu stellen. Wahrscheinlich aber verstellten diese Kontroversen über Jahre hinweg den Blick hinter die Kulissen. Dort liegt das Terrain, das die Rechtsextremen ganz offensichtlich zwischenzeitlich für sich abzustecken wußten.

»Wenn wir nicht mehr sein wollen, was wir sind«

Monika Maron eröffnet die Debatte. »Wer wollen wir sein, wenn wir nicht mehr sein wollen, was wir sind?« fragt die ostdeutsche Schriftstellerin zum

50. Jahrestag der – ja was eigentlich? – der Befreiung, der Kapitulation, des Untergangs, der Niederlage oder der Stunde Null. Wie auch immer der 8. Mai 1945 im kollektiven Gedächtnis[3] auftaucht – solange es Zeitzeugen gibt, steht zumindest nicht in Frage, daß dieser Tag zu den Eckdaten der Erinnerungskultur in Deutschland gehört. Doch die Debatte macht deutlich, daß die Formeln kollektiver Erinnerung offenbar nicht mehr taugen und vor allem im Hinblick auf ihren auch pathetischen Gehalt für Jüngere zur Disposition stehen. So stellt sich an der Schwelle des 21. Jahrhunderts und im Zusammenhang mit dem Aussterben der Zeitzeugen allmählich nicht die Frage nach dem Ob, wohl aber nach dem Wie der Erinnerung.

Gegen den Verlust der Erinnerungskultur, die für die sozio-moralischen Ressourcen einer Republik fundamental ist,[4] steht die Verständigungsdebatte im wiedervereinigten Deutschland. Die Rezeption der bislang getrennt voneinander verlaufenden Aufarbeitungen der Vergangenheiten und ihrer jeweils unterschiedlichen Bewertungen in den jeweils unterschiedlichen geschichtspolitischen Diskursen könnte in den kommenden Jahren Begriffe der Erinnerungskultur, die inzwischen zu Formeln geronnen sind, wieder nutzbar machen, um sie für Rituale schließlich zur Verfügung zu stellen. Denn Rituale »sind Struktur- und Ordnungselemente, die weder gut noch böse sind, die aber benötigt werden, um einer Gesellschaft gemeinschaftsfördernde Zeremonien überhaupt erst zu ermöglichen. Es kommt nicht darauf an, Rituale zu durchbrechen, sondern darauf, wie man sie mit Leben erfüllt.«[5]

Zugleich steht die kritische Rezeption im Zusammenhang mit international neu gesteckten Koordinaten: Zu ihnen gehören die mehr als zwei Jahrzehnte nach dem Ende der Diktatur einsetzende Auseinandersetzung mit Franco in Spanien[6] ebenso wie die in Frankreich mit dem Papon-Prozeß anhebende Debatte über Kollaboration während des Zweiten Weltkriegs. Zu diesem Kontext zählt aber vor allem »die Amerikanisierung des Holocaust«, diese »ständige Konfrontation mit dem absoluten Bösen«, die der amerikanischen Nation »die immerwährende Möglichkeit (gibt), das Böse zu externalisieren und zugleich die Notwendigkeit der eigenen Mission, der freiheitlich-demokratischen Sendung, zu erneuern«.[7] Auf diese Möglichkeit geht das Engagement Washingtons bei den Verhandlungen über Entschädigungszahlungen an ehemalige Zwangsarbeiter wesentlich zurück.

Gleichwohl unterscheiden sich die Erinnerungskulturen in ganz zentralen Punkten. Einen wesentlichen hebt Salomon Korn hervor: »Der Grundgedanke in der Erinnerungsarbeit muß sein: In Deutschland wurde nicht etwas Fremdes zerstört, sondern die Deutschen haben sich selbst etwas Ungeheuerliches angetan. Sie haben eine kulturelle und zivilisatorische Selbst-Amputation begangen. Wenn dieser Gedanke beim Gedenken mal in der kollektiven Erinnerung in den Vordergrund träte, wäre vieles gewonnen. Es ist, wie Heinrich Heine sagte: Nur der verwandte Schmerz entlockt uns die Träne.«[8] Gerade deswegen bleibt es den Deutschen verwehrt, der Sichtweise des US-amerikanischen Bündnispartners zu folgen. Denn der Holocaust steht in einer universellen Perspektive für Verletzungen der Menschenrechte. Doch selbst wenn es viele wollen – die Deutschen werden zukünftig in diesem Universum nicht abtauchen können. Im Zusammenhang mit US-amerikanischen Debatten über den Holocaust hebt die in Tel Aviv lebende Historikerin Gulie Ne'eman Arad hervor:

»In bezug auf den Holocaust gibt es eine besondere Sorgfaltspflicht, denn er ist zu einem universellen, moralischen Signifikanten geworden, einem formativen Baustein in der Identität sowohl von Juden wie von Deutschen und darüber hinaus zu einem paradigmatischen Modell für die Selbstdefinition und das Selbstverständnis objektiver und subjektiver Opfer. So kann das, was wir schreiben und wie wir schreiben, den unterschiedlichsten Interessen und Zielen dienen, die wenig gemeinsam haben mit den sozialen und intellektuellen Ansprüchen, die wir mit ihnen verbinden. Und möglicherweise noch weniger mit unserem Verstehen der Vergangenheit. Ein Vorgehen der falschen Popularisierung im Stil von ›Holocaust leicht gemacht‹ kann ebenso schnell Haß wie Mitleid wecken. Es sollte schon aus diesem Grund vermieden werden.«[9]

»Nicht schuldig« –
Über Westintegration und Antifaschismus

Am Beginn der Nachkriegszeit stehen die Nürnberger Prozesse. Doch die meisten Deutschen wollen den Befund der Richter über die Verbrechen im Zusammenhang mit dem Zweiten Weltkrieg nicht akzeptieren: »Vor allem die ehemaligen Soldaten erlebten die Verfolgung dieser Taten offenbar auch als einen indirekten Vorwurf an sie selbst, als eine Infragestellung ihrer Sinndeutung des Krieges und als eine Entwertung ihres eigenen, oft opferreichen Einsatzes.« Die weitverbreitete Akzeptanz der kollektiven Abwehr hält der Historiker Norbert Frei für »die folgenschwerste Konsequenz der Kriegsverbrecherdebatte: Die Fama vom ›unbefleckten Schild‹ der Wehrmacht, von dem von ihr (im Unterschied allenfalls zu eng begrenzten Teilen der SS) geführten ›normalen Krieg‹, wurde im Kampf um die Freilassung inhaftierter Soldaten Anfang der 50er Jahre in einer Weise genährt, die ihre geschichtswissenschaftliche Widerlegung bis in die 80er Jahre hinein äußerst schwierig machte.«[10]

Zu Beginn der 50er Jahre scheint Adenauer die Sache klar zu sein: Die Furcht vor weiterer Strafverfolgung würde bei den Tätern die Akzeptanz der Demokratie nicht gerade steigern. Zugleich steht für den damaligen Bundeskanzler außer Frage: Voraussetzung für die von ihm angestrebte Integration der Bundesrepublik in den westlichen Block bleibe die Demokratisierung. Die aber sei nicht zu haben, wenn die westdeutsche Gesellschaft einem Teil ihrer Bürger die Integration verweigert und somit anti-demokratische Kräfte nährt. Adenauer setzt damit einen Schlußpunkt unter die Entnazifizierungspolitik der Alliierten. Belastete Beamte kehren fortan wieder in den öffentlichen Dienst zurück. Daß sich unter ihnen auch der Kommentator der Nürnberger Gesetze, Hans Globke, befand,[11] läßt sich die DDR nicht entgehen: Globke gilt als ein Beispiel für die Kontinuitäten zwischen Nationalsozialismus und Bundesrepublik, die Ostberlin verstärkt in Braunbüchern zu dokumentieren sucht, um Bonn nachhaltig zu diskreditieren.

Die DDR setzt geschichtspolitisch auf den Antifaschismus.[12] »Die Präsenz eines Staates, der den Antifaschismus zu seiner Gründungslegende erkoren hatte, (wirkte) als Stachel im zeitgeschichtlichen Selbstbewußtsein der Bundesrepublik.«[13] Dafür schaffen die überlebenden Kommunisten bereits am 12. April 1945 in Buchenwald die Grundlage. Im Protokoll des ersten Treffens dieser Häftlinge nach der Befreiung des Konzentrationslagers heißt es über Walter Bartel, den späteren persönlichen Referenten Wilhelm Piecks: »Genosse Bartel gedachte in bewegten Worten aller Opfer des Faschismus und vor allem unserer im Kampf gegen die Barbaren gefallenen

Genossen. (...) Ihr Opfer ist nicht umsonst gewesen, dafür werden wir überlebenden Kommunisten mit unerschütterlicher Entschlossenheit sorgen (...).«[14] Auf dieser Seite Deutschlands steht gänzlich außer Frage: Der 8. Mai ist der Tag der Befreiung und des Beginns eines neuen Deutschlands an der Seite der Sowjetunion.

In Westdeutschland macht zu Beginn der 70er Jahre Willy Brandt, selbst dem Widerstand gegen den Terror des NS-Regimes zugehörig, im Zusammenhang mit den von den Studenten eingeforderten Tabubrüchen gerade im Hinblick auf den Nationalsozialismus deutlich, daß er den 8. Mai 1945 nicht als Tag der Niederlage begreife und sich somit »als Kanzler nicht mehr eines besiegten, sondern eines befreiten Deutschlands« verstehe. Für Konservative ist das ungeheuerlich. Ein Jahr nach seinem Einzug ins Kanzleramt unterzeichnet der SPD-Politiker im Dezember 1970 die Warschauer Verträge. Die Opposition und die Vertriebenenverbände toben, eine aufgeschlossenere Öffentlichkeit aber steht der Versöhnungspolitik des Kanzlers positiv gegenüber. Eine Geste an die überlebenden Zwangsarbeiter aber bleibt auch bei dieser Gelegenheit aus.

Der Prozeß gegen die Einsatzgruppen der SS in Ulm, das Verfahren gegen Adolf Eichmann in Israel und der Auschwitz-Prozeß in Frankfurt am Main haben zumindest eine Ahnung von der Dimension der nationalsozialistischen Verbrechen vermittelt. Zum 25. Jahrestag des Kriegsendes läßt Brandt keine Zweifel aufkommen: »Auch dies gilt es zu sehen«, sagt der sozialdemokratische Bundeskanzler: »Was in jenen Tagen vor 25 Jahren von unzähligen Deutschen neben der persönlichen als Nationalnot empfunden wurde, war für andere Völker Befreiung von Fremdherrschaft, von Terror und Angst.«

Doch nach wie vor mangelt es vor allem an konkretem Wissen über die wirkliche Dimension der nationalsozialistischen Verbrechen, das mehr Einfühlungsvermögen für die Belange der Opfer fördern könnte. Das macht die 1979 in den dritten Programmen gesendete Hollywoodserie »Holocaust«, die Geschichte einer jüdischen Familie im »Dritten Reich«, deutlich: Die Zuschauerquote ist sensationell, die Vernichtungspolitik der Nationalsozialisten plötzlich ein Thema. Die Alltagsgeschichte eröffnet – bei aller dem Medium geschuldeten Trivialisierung – einen Zugang, den die abstrakten Theoriedebatten, die nach der Funktionsweise des verbrecherischen Systems suchen, bis dahin verwehrten. Sie befaßten sich vor allem damit, der These vom Faschismus als einem Produkt des staatsmonopolistischen Kapitalismus etwas entgegenzusetzen, weil sie sich auch in einer Situation der theoretischen Systemkonkurrenz sahen.

Für das Theorem vom unmittelbaren Zusammenhang zwischen Kapitalismus und Faschismus zeichnen in der Tradition der Komintern Historiker der DDR verantwortlich. Besondere Züge des Nationalsozialismus als einer Spielart des Faschismus stoßen nicht auf ihr Interesse, der Vernichtung der europäischen Juden messen sie keine Bedeutung bei. Schlußendlich definieren sie den Nationalsozialismus aus der Geschichte der DDR heraus. Die eigene Gründungsgeschichte liest sich dann so: Gemeinsam mit den Soldaten der Roten Armee haben deutsche Antifaschisten das Land von den Nationalsozialisten befreit und die Republik geschaffen. Ganz so, wie es die überlebenden Häftlinge des Konzentrationslagers Buchenwald bei einer Gedenkfeier für ihre toten Genossen bereits am 19. April 1945 beschworen haben: »Die endgültige Zerschlagung des Nazismus ist unsere Losung. Der Aufbau einer neuen Welt des Friedens und der Freiheit ist unser Ideal. Dies schulden wir unsern ermordeten Kameraden und ihren Familien.«[15]

In diesem Zusammenhang schafft Ostberlin eine »paradoxe Verkehrung: Das Gemeinwesen der DDR beanspruchte ein der faschistischen Erfahrung seiner deutschen Bevölkerung entgegengesetztes und mithin fiktives Selbstverständnis; und dieses Selbstverständnis wirkte sich der wirklichen nationalsozialistischen Vergangenheit gegenüber vornehmlich als Verleugnungszusammenhang aus.«[16] Für das DDR-Regime steht außer Frage: Der Tag, an dem Keitel, Friedeburg und Stumpff die Kapitulationsurkunde unterschrieben, kann nur als »Tag der Befreiung vom Faschismus« begangen werden. Die Feiern zum 8. Mai sollen im Zeichen der Gründung eines sozialistischen deutschen Staates und seiner Zugehörigkeit zum sozialistischen Lager stehen und deutlich machen, daß die verpaßte Revolution vom November 1918 nun doch noch nachgeholt worden ist. Selbst wenn der Westen »auf Knien« bitten werde, könne die DDR eine deutsche Einheit nicht zulassen, unterstreicht SED-Chef Walter Ulbricht zum zwanzigsten Jahrestag. Denn die Bundesrepublik sei nichts anderes als eine »leicht modifizierte Variante« des untergegangenen »monarchistisch-nationalsozialistischen Deutschland«. Der Prozeß der Befreiung sei in der Bundesrepublik steckengeblieben. Es müsse noch vieles nachgeholt werden, was in der DDR bereits zur Realität gehöre, verlangt Ulbricht. Am zwanzigsten Jahrestag marschiert die Nationale Volksarmee gemeinsam mit der sowjetischen Siegermacht zu einer Ehrenparade in Ostberlin auf. Wen aber die alliierten Soldaten an diesem Tag und in den Monaten zuvor in Buchenwald und Auschwitz befreit haben, spielt in dieser Sicht der Dinge keine Rolle, wenn sich die Opfer nicht dem antifaschistischen Widerstand zurechnen lassen. So baut man Mythen, wenn man eigentlich nur sein will, was man ohnehin schon zu sein glaubt.

Zur gleichen Zeit im Westen. Pünktlich zum Jahrestag entwirft US-Präsident Lyndon B. Johnson sein Programm der Universalisierung amerikanischer Prinzipien. Er schlägt vor, die westlichen Verbündeten, in deren Kreis die Westdeutschen schließlich wieder ihren Platz finden sollten, müßten »die langsame Erosion des Eisernen Vorhangs« beschleunigen: »Es werden heute einige Anstrengungen unternommen, die Partnerschaft durch Argwohn und die Bewegung zur Einheit durch die Politik der Trennung zu ersetzen. Die Völker des Atlantik werden aber nicht zu dem engen Nationalismus zurückkehren, der das Gefüge unserer Gesellschaft seit Generationen zerrissen und mit Blut getränkt hat.« Eine gemeinsame Erklärung der Alliierten zur Zukunft Deutschlands scheitert zu diesem Zeitpunkt allerdings noch am erbitterten Widerstand der Franzosen, die für sich noch nicht entschieden haben, wie Deutschland denn sein soll, wenn es nicht mehr so ist, wie es ist.

Deutsche suchen nach Maßstäben für sich selbst

Während der Osten Deutschlands beharrlich bis weit in die 80er Jahre hinein am Antifaschismus als gewichtiger ideologischen Ressource festhält und auch am vierzigsten Jahrestag des Kriegsendes Ostberlin wieder Schauplatz der üblichen Militärparaden ist, stellt zugleich Bundespräsident Richard von Weizsäcker in seiner Rede zum 8. Mai 1985 klar: »Für diesen Tag, für die daran geknüpfte Erinnerung, müssen wir Deutsche die Maßstäbe allein finden.« Dabei schuldeten die Älteren »der Jugend nicht die

Erfüllung von Träumen, sondern Aufrichtigkeit«. Die Rede sorgt nachhaltig für Aufsehen. Die einen zeigen sich erleichtert, andere nehmen das nicht hin. Der CDU-Politiker Alfred Dregger erhebt Einwände: »Unsere Landsleute in der DDR werden am 8. Mai feiern müssen. Von uns, die wir in Freiheit leben, kann das niemand erwarten.« Schließlich habe das Verbrechen für viele Deutsche doch erst mit den Vertreibungen begonnen.

Ein Jahr später prallen im Westen zwei Positionen unversöhnlich aufeinander. Der Hintergrund für die Kontroverse, die späterhin »Historikerstreit« heißt, ist – angestoßen von den Ansprüchen der Regierung Kohl, Begriffe und Perspektiven der Erinnerungskultur neu zu definieren – der Kampf um hegemoniale geschichtspolitische Positionen. Die Konservativen stören sich massiv daran, daß eine linksliberale Geschichtspolitik, die den Nationalsozialismus auf Auschwitz und den Angriffskrieg der deutschen Wehrmacht fokussiert, einem positiven nationalen Bewußtsein im Wege steht. Die Auseinandersetzung geht auf die Thesen Ernst Noltes zurück, der damit zahlreiche der späteren Debatten auch ideologisch vorbereitet. In deren Kern steht fortan immer wieder die Vergleichbarkeit zwischen Auschwitz und den stalinistischen Gulags. »Auschwitz«, so Nolte, »resultiert nicht in erster Linie aus dem überlieferten Antisemitismus und war im Kern nicht ein bloßer ›Völkermord‹, sondern es handelte sich vor allem um die aus Angst geborene Reaktion auf die Vernichtungsvorgänge der Russischen Revolution.«[17] Doch der Philosoph Jürgen Habermas will sich nicht »die Schamröten austreiben« lassen und hält Nolte im Hinblick auf die Verortung der Republik entgegen: »Der einzige Patriotismus, der uns dem Westen nicht entfremdet, ist ein Verfassungspatriotismus«, eine Überzeugung, die ihre Basis in den universalistischen Verfassungsprinzipien findet, deren Bindung sich in Deutschland »erst nach – und durch – Auschwitz (hat) bilden können«.[18]

Szenenwechsel, die 80er Jahre jenseits der Mauer. Das System der SED weiß inzwischen um seine bedrohte Existenz, wenngleich zunächst noch keine internationale Isolierung droht. Doch die Strukturen erweisen sich als fragil. Honecker sucht Kontakt zum Westen und macht zum ersten Mal die Entschädigung von NS-Opfern zu einem Thema, das er als Türöffner nach Washington hin zu nutzen sucht. Erst jetzt, erst mehr als vier Jahrzehnte nach dem Ende des Kriegs gerät das Selbstverständnis der DDR als eines antifaschistischen Schutzwalls ins Wanken. Erst jetzt nehmen die nach Anerkennung von außen strebenden Verantwortlichen die Möglichkeit in den Blick, vielleicht doch auch Rechtsnachfolgerin des Dritten Reiches gewesen zu sein. Für eine Anerkennung dieser Sichtweise jedoch reicht die Zeit nicht mehr.

Mehr als zehn Jahre nach der deutschen Einigung steht ein gemeinsames geschichtspolitisches Substrat dahin. Das Nationale steht hoch im Kurs. Je mehr sich aber die Deutschen »der Nation positiv annähern, je mehr sich das aktuelle Gemeinwesen in die Kontinuitäten der Nationalgeschichte fügt«, gibt Dan Diner bereits kurz nach der Einigung zu bedenken, »desto schwächer wird die Erinnerung an den Nationalsozialismus und seine Verbrechen«.[19] Plötzlich erweist sich die SED-Ideologie als Falle: Der um die Vernichtung der europäischen Juden reduzierte Nationalsozialismus bleibt allein Faschismus und ist somit um so leichter von der postkommunistischen Ideologie zu einer Kategorie des Vergleiches zu machen. Der Westen schlägt den Osten quasi gleichsam mit seinen eigenen Waffen, verschiebt schließlich den Horizont der Werte – der Totalitarismus wird »zu so etwas wie einer bewußtseinsbegründenden Bedeutung und eine alle zufriedenstellende geistesgeschichtliche Deutung des Jahrhunderts« erklärt.[20]

Nolte wirkt nach. Zumindest im Westen. Das Jahr 1995 ist zumindest für diesen Teil der Republik eine Wegmarke, an der sich zeigt, daß nach wie vor die Stränge der erinnerungskulturellen Debatten zwischen Ost und West parallel zueinander verlaufen. 1989 verpaßt das Land eine Debatte über die Frage, was denn nun die Deutschen sein wollen, wenn sie nicht mehr sein wollen, was sie sind. Während sich manche wie Habermas behutsam darum bemühen, Begriffe wie »Normalität« und »Berliner Republik« zu buchstabieren, setzt der CDU-Politiker Dregger Maximen: »Ein Geschichtsbild, das die Wahrheit verschweigt, kann nicht Grundlage für das Selbstverständnis einer selbstbewußten Nation sein, die wir Deutschen in der Völkerfamilie werden müssen, um vergleichbare Konsequenzen künftig auszuschließen.« Niederlage oder Befreiung – wieder hebt eine hitzige Debatte an, für die Dregger gleichsam einen zentralen Topos liefert, der vor allem für die Neue Rechte in den 90er Jahren ein beherrschender Terminus bleiben sollte – die selbstbewußte Nation.[21]

Beleidigte Landser

Die Einlassungen Alfred Dreggers zum 8. Mai 1995 wirken heute wie eine Positionierung für eine aufziehende Debatte, in der subjektiv-biographische Irritationen auf politische Provokationen treffen. Den Impuls liefert eine Dokumentation der Verbrechen der deutschen Wehrmacht zwischen 1941 und 1944 auf dem Balkan, in Rußland und in der Ukraine, die das Hamburger Institut für Sozialforschung zusammenstellte und die künftig nur noch kurz Wehrmachtsausstellung genannt wird. Ein umfassendes didaktisches Programm begleitet die Ausstellung, die vor allem unter jungen Schülern und ehemaligen Angehörigen der deutschen Wehrmacht Aufmerksamkeit findet. Die Dokumentation fördert im wesentlichen zwei Reaktionen zutage: Sie macht eine bis dahin allenfalls innerfamiliär gebliebene Auseinandersetzung öffentlich. Von den alten Soldaten wird sie als Provokation und Kränkung zugleich empfunden. Denn systematisch gerät plötzlich der bis dahin so überaus hartnäckig verteidigte »Mythos der sauberen Wehrmacht« ins Wanken.

Der Vernichtungsfeldzug im Osten gilt seit dem Ende des Krieges im Westen Deutschlands vielen lange vor Nolte als Verteidigung Europas gegen den Bolschewismus. Dafür steht Stalingrad, wo deutsche Landser im Dienst ebendieser Sache ihr Leben gelassen hatten. Eine Sichtweise, die bereits die Nationalsozialisten selbst zugrunde gelegt hatten: »Als hätte man ihren Ausgang vorausgesehen, wurde die Schlacht um Stalingrad in der deutschen Berichterstattung von Anfang an inszeniert nach Art des Nibelungenkampfes in Etzels Saal: Nicht den Ergebnissen des Kampfes, sondern diesem selbst galt das Interesse, und so war es Göring und Goebbels nach der Niederlage möglich, die völlige Vernichtung einer ganzen Armee als heroisches Selbstopfer zu dramatisieren.«[22]

Für die DDR ist Stalingrad dagegen Symbol für die Wende des Krieges, für die Widerstandskraft der Sowjetunion, für den Beginn der Befreiung. Im vereinten Deutschland stehen plötzlich beide Verständnisse radikal in Frage: Die Wehrmachtsausstellung will belegen, was Militärhistoriker einer breiteren Öffentlichkeit bislang nicht haben deutlich machen können – die Deutschen hatten einen mörderischen Feldzug unternommen, für den das Oberkommando der Wehrmacht von vornherein Verstöße gegen das

Kriegsrecht etwa über den berüchtigten Kommissarbefehl einkalkuliert hatte. Alte Landser sehen sich plötzlich als Schurken diffamiert.

Ihre große Popularität verdankt die Ausstellung dem CSU-Politiker Peter Gauweiler. Der heizt die Debatte an, als die Dokumentation im Münchner Rathaus zu sehen sein soll. Gauweiler läßt seinem Populismus freien Lauf. Spätestens seit München diskutieren die Gegner der Ausstellung offen, ob nicht die Tabakproduktion des Reemtsma-Konzerns, dessen Erbe der Leiter des Hamburger Instituts, Jan Philipp Reemtsma, ist, nicht mehr Tote zu verantworten habe als die deutsche Wehrmacht. Ernstzunehmende Kritik bringt dagegen seit 1995 immer wieder vor, von *den* Verbrechen *der* Wehrmacht zu sprechen sei zu pauschal.

Nicht nur der Rechtspopulist Gauweiler stellt sich auf die Seite der sich verunglimpft sehenden früheren Soldaten. Einen solchen Aufmarsch wie im März 1997 auf dem Münchner Marienplatz hat die NPD schon lange nicht mehr gesehen: Für die alten Landser gehen junge Rechtsextreme auf die Straße. Die NPD, im Westen in der Bedeutungslosigkeit verschwunden und sich nach Sachsen orientierend, findet auf einmal in den alten Bundesländern ein neues Betätigungsfeld. Am vorläufigen Ende dieses Protestes meldet sich zwei Jahre später im Oktober 1999 der Parteivorsitzende der »Republikaner«, Rolf Schlierer, zu Wort. Die neuere Forschung habe die Ausstellung als »bewußt geplante Diffamierung einer ganzen Soldatengeneration entlarvt«.

Schlierer nimmt Bezug auf einen Aufsatz des polnischen Historikers Bogdan Musial, der zu diesem Zeitpunkt für allerlei Aufsehen sorgt: Zwar stellt Musial die Verbrechen der Wehrmacht im Osten nicht grundsätzlich in Frage, kann aber belegen, daß die Ausstellung in einigen Fällen Fehler bei der Beschreibung von Bildern enthält. Die Dokumentation gab Verbrechen des sowjetischen NKWD als Taten deutscher Soldaten aus. Anhand neuer Funde in deutschen und osteuropäischen Archiven weist Musial die falschen Bezüge nach. Der Historiker untersuchte 801 Bilder, die das Institut in dem Katalog zur Ausstellung publiziert hat. Einige dieser Fotografien zeigen deutsche Soldaten vor Leichenbergen. Ein Zusammenhang, der Musial zufolge »zweifellos den Eindruck erwecken muß, deutsche Soldaten hätten (...) die Fotos quasi als ›Kriegstrophäe‹ bei sich getragen«. Dem widerspricht der Historiker: Bei den abgebildeten Angehörigen der

Wehrmacht handele es sich in einigen Fällen »um Zuschauer, nicht aber um Täter, wie die Aussteller suggerieren«. Auf drei Bildern seien Soldaten zu sehen, die sich Taschentücher vor Mund und Nase halten – ein Indiz für den Verwesungsgeruch der abgebildeten Leichen. Daraus folgert Musial: Nach Darstellung der Ausstellungsmacher hätten die deutschen Soldaten diese Menschen ermorden, vergraben und danach wieder ausgraben müssen, um später diese Aufnahmen machen zu können. Die Toten aber seien Opfer des NKWD: Weil die deutschen Soldaten gleich von Beginn des »Unternehmens Barbarossa« an im Juni 1941 schnell vordrangen, ermordete der sowjetische Geheimdienst im frontnahen Gebiet mehrere zehntausend Insassen von Gefängnissen, unter ihnen Ukrainer, Polen, Litauer, allesamt »konterrevolutionäre Elemente«.[23] Die Einwände führen dazu, daß die Ausstellung über ein Jahr lang – und nicht wie ursprünglich geplant für drei Monate – aus dem Verkehr gezogen und im Auftrag Reemtsmas von einer Historikerkommission auf sachliche Fehler hin überprüft wird. Im November 2000 legen die Gutachter ihren Befund vor: Von Fälschungen könne zwar keine Rede sein, aber die Dokumentation müsse sorgfältig überarbeitet werden, weil sie »pauschale und suggestive Aussagen« enthalte. Die Macher der Ausstellung, rügen die Historiker, sollten sich künftig besser überlegen, wie sie mit ihren Kritikern umgehen. Die Auseinandersetzung sei in früheren Zeiten doch von allerhand Überheblichkeit geprägt gewesen. Grundsätzlich allerdings stehe außer Frage: An der grundlegenden These über die Verbrechen deutscher Militärs in Osteuropa sei festzuhalten.

Noch bevor die Dokumentation wieder zu sehen ist, werden tiefgreifende Differenzen zwischen dem Macher der Ausstellung, Hannes Heer, und Reemtsma deutlich. Heer muß schließlich gehen.

Wenn simple Formate Komplexität reduzieren

So einfach geht das nicht. Hannes Heer hätte es an diesem Abend schon gern ein bißchen konkreter. Mit dem Antisemitismus in Deutschland, sagt der Historiker, »muß man es genau nehmen«. Denn in den 50er und 60er Jahren, in den Zeiten der politischen Sozialisation einer späterhin trotzigen, sich selbst radikal antifaschistisch begreifenden Generation, »mußten wir uns mit dem ganzen Schrott rumschlagen«. Kurzum: Daniel Jonah Goldhagen nutze den Begriff Antisemitismus zu pauschal.

Es ist Herbst in Deutschland. Im September 1996 hat Goldhagen seinen ersten Auftritt im Land der Vollstrecker, die sich so überaus bereitwillig an der gezielten Vernichtung der Juden beteiligt hatten. Der zu diesem Zeitpunkt bereits vielgescholtene und nicht weniger euphorisch gefeierte US-Historiker ist an diesem Abend in den Hamburger Kammerspielen zu Gast. 500 Besucher, die gekommen sind, um sich den Mann anzuschauen, der in kurzer Zeit in einem so kühlen Berufsstand Furore macht. Knappe fünf Monate zuvor hatte *DIE ZEIT* angekündigt, mit dem Buch Goldhagens über »Hitlers willige Vollstrecker« werde es zehn Jahre nach dem ersten einen zweiten Historikerstreit geben.

Goldhagen zeichnet mit seiner linken Hand eine nach unten abfallende Kurve in die Luft; so habe sich die antisemitische Einstellung der Deutschen seit 1945 entwickelt, sagt er. Goldhagen zollt den Deutschen ein Lob, weil sie sich doch gebessert hätten. Ganz so, als wolle er etwas zurücknehmen von dem, was er an Irritationen zuvor hervorgebracht hat. Sie drücken sich in der Empörung aus, die Goldhagens These vom »eliminatorischen Antisemitismus« der Deutschen, einem auf Vernichtung zielenden Antisemitismus gleichsam als nationalspezifischer anthropologischer Konstante, wohl bewußt provoziert hat. Ältere fühlen sich an die Kollektivschuldthese erinnert. Goldhagen weist das ab. Vielmehr komme es ihm auf einen Perspektivwechsel an, sagt er in den Hamburger Kammerspielen. Er interessiere sich vor allem für die Täter und wolle »das Bild der automatenhaft handelnden Befehlsempfänger revidieren«.

Für den Berliner Historiker Reinhard Rürup, an diesem Abend als Gegenpart aufgeboten, reißt Goldhagen aber eine Lücke. Wie wolle er denn bitte schön erklären, fragt Rürup, daß die Polizeibataillone in Osteuropa nicht nur Juden ermordeten, sondern auch mit wachsendem Eifer »auf Partisanen Jagd machten«. Es sei doch klar, fügt der Leiter der Topographie des Terrors, dem einzigen zu einer Gedenkstätte gemachten Tatort in Berlin, hinzu: Antisemitismus lasse sich nun mal nicht als alleinige Ursache der systematischen Vernichtungspolitik der Nationalsozialisten anführen.

Goldhagen macht sich in seiner Studie zu einer moralischen Instanz.[24]

Er skizziert nicht mehr Geschichte, sondern erzählt Geschichten. Immer wieder Geschichten über das brutale Vorgehen deutscher Täter. Aus diesem – im Vergleich zum dokumentarischen Stil früherer Holocaust-Forscher – gänzlich anderen Verfahren erwächst die emotionale Eindringlichkeit seiner Schilderungen. Raul Hilberg, der Doyen der Holocaust-Forschung, kann dem nichts abgewinnen. Denn Goldhagen »vertieft sich weder in die Verwaltungsstrukturen noch beachtet er den bürokratischen Pulsschlag, der diese Maschine durchlief und der an Macht gewann, als der Prozeß sein größtes Ausmaß erreichte. Statt dessen ließ Goldhagen den Holocaust auf ein simpleres Format schrumpfen und ersetzte seinen komplexen Apparat durch Gewehre, Peitschen und Fäuste.«[25]

Täter gedenken der Opfer

Wenn junge Männer mit kurzgeschorenen Haaren und alte Herren im Lodenanzug Bürger der Berliner Republik aufbringen wollen, planen sie eine Demonstration am Brandenburger Tor und marschieren von dort aus zu einem etwa 20 000 Quadratmeter großen Areal. Das ist ein Grundstück an zentraler Stelle der Hauptstadt, das schon die Regierung Kohl vorgesehen hat, um dort ein Mahnmal für die ermordeten Juden Europas zu errichten. Nach mehr als einem Jahrzehnt fällt schließlich die Entscheidung: Realisiert wird ein Entwurf des US-Architekten Peter Eisenman, ein Stelenfeld. Unterhalb dieses mit unterschiedlich großen Stelen aus Beton besetzten Feldes sieht der Künstler ein Dokumentationszentrum vor, das sich auch anderen Genoziden des 20. Jahrhunderts widmen soll. Ein Thema, das in den vergangenen Jahren nicht zuletzt im Zusammenhang mit einem gewissen Neo-Totalitarismus wieder populär geworden ist, der sich darum bemüht, die Verbrechen des 20. Jahrhunderts in einen engen Zusammenhang zu stellen.

Eisenmans Entwurf steht am Ende einer Diskussion, die sich vor allem der Frage widmete, wer im Land der Täter eigentlich für wen ein solches Mahnmal bauen könne. Und: Wenn denn schon für eine spezifische Opfergruppe, müssen nicht die anderen dann auch und nicht auch an einer nicht minder zentralen Stelle der neuen Hauptstadt ein Denkmal bekommen?

Die Debatte – zu dieser eingängigen These versteigen sich schließlich viele – die Debatte sei das eigentliche Mahnmal. Denn in den Kontroversen, ausgetragen auf Symposien und in den Zeitungsspalten, bündeln sich Einwände, daß das Unvorstellbare wohl auch das Nichtdarstellbare sei, daß es Nationales jenseits der Bürgergesellschaft in Deutschland nicht mehr geben dürfe, daß ein solches Mahnmal vor allem eines sein müsse – die Darstellung eines Risses, der jeder immer wieder versuchten Konstruktion von Kontinuität im Wege steht. »Der Denkmalstreit – das Denkmal«,[26] dokumentiert an einem Ort mitten in Berlin? Dieses Mahnmal, das gibt Salomon Korn, Gedenkstättenbeauftragter des Zentralrats der Juden und Architekt in Frankfurt am Main, den Juroren auf, dieses Holocaust-Mahnmal »muß weh tun«.

Manche Künstler nehmen das auf eine beeindruckende Weise wörtlich. So macht Horst Hoheisel den Vorschlag, aus dem Brandenburger Tor Säulen herauszutrennen und zu zermahlen. So empfiehlt der Münchner Konzeptkünstler Rudolf Herz, einen Kilometer Autobahn mit Kopfsteinpflaster zu versehen, Tempo 30 einzurichten und somit zwei Minuten Zeit für das Gedenken an die Opfer des Holocaust auf der Höhe von Kassel zu schaffen. Gedanken, die am Ende des 20. Jahrhunderts stehen. Ideen, die für einen aktualisierten Antifaschismus im Kampf gegen den auflebenden Rechtsextremismus keinen Raum mehr lassen; Vorschläge, die jede geschichtspolitische Korrespondenz zwischen einem linken Antifaschismus und einer fortschrittsoptimistischen Perspektive unmöglich machen. Und das ausgerechnet zu Beginn des 21. Jahrhunderts.

Über Selbstbehauptungen und Erinnerungskulturen

Das »Nie wieder!«. Das »Wie konnte es passieren?«. Das »Wehret den Anfängen!«. Und das »Zukunft braucht Herkunft!«. Den Formeln der Erinnerungskultur ist ein gewisser Erschöpfungszustand zu eigen. Das hängt vor allem damit zusammen, daß sich Erfahrungsräume und Erwartungshorizonte, diese Insignien der »Zeitlichkeit von Geschichte«,[27] schier uneinholbar erscheinend weitestgehend voneinander getrennt haben – Erwartungshorizonte sind kaum mehr erfahrungsgesättigt. Am Ende des

20. Jahrhunderts erscheint das Selbstbild der Moderne zerstört – »jenes Selbstbild, daß man auf dem guten Wege sei, das Ideal gewaltarmen gesellschaftlichen Agierens zu verwirklichen, daß man stabile Institutionen geschaffen habe, die einen dauernden Rückfall (...) verhindern könnten«.[28] Zu Beginn des 21. Jahrhunderts sind die Republiken vor allem damit befaßt, den materiellen Wohlstand ihrer ohnehin wohlhabenden Bürger zu mehren, anstatt sich um ihren eigenen Zustand wie ihren Erhalt überhaupt zu kümmern. Die Demokratien betreiben mit ihren Ressourcen Raubbau.

Um mit diesen Widersprüchen klarzukommen, bildeten sich, Reemtsma folgend, im 20. Jahrhundert »drei Rhetoriken« heraus: die Rhetorik des Zivilisationsauftrages, der eschatologischen Säuberung sowie des Bruchs mit der Moderne. Allesamt verfügen sie über je spezifische Feindbilder. Die Rhetorik des Zivilisationsauftrages wird beansprucht, wenn das allzu weite Auseinanderklaffen von Ideal und Wirklichkeit gerechtfertigt werden soll. Der Feind ist der Barbar. Ein entsprechendes Bild findet die Rhetorik der eschatologischen Säuberung im Verräter. Sie verweist darauf, daß sich das Ideal erst in der Zukunft erreichen lasse. Bis dahin bleibt das Ideal außer Kraft gesetzt. Die Rhetorik des Bruchs mit der Moderne schließlich versteht den Gesellschaftszustand als einen permanenten Kriegszustand und den Feind als Parasiten. Das Ideal wird als Trick vorgestellt, mit dem die Parasiten versuchen, die Starken daran zu hindern, sie auszurotten. Die Pointe dieser ideologischen Rhetoriken besteht in den Möglichkeiten, jeweils zwei Varianten miteinander zu kombinieren:

»Die erste und die zweite Rhetorik (...) halten am Ideal der Moderne fest, wenn auch die zweite sagt, daß es erst durch seine zeitweilige Suspendierung verwirklicht werden kann. Auf diese Parallele berufen sich die, die eine Gleichsetzung von Rot und Braun für unzulässig halten. Die zweite und die dritte Rhetorik (...) teilen den Affekt gegen das Ideal als Heuchelei und Apologie bestehender Gewaltverhältnisse, die antibürgerliche Attitüde. Und auf diese Ähnlichkeit berufen sich diejenigen, die meinen, die Gleichung ›Rot gleich Braun‹ sei doch zulässig. Die erste und dritte Rhetorik schließlich (...) teilen die ethnische oder kulturelle Hoffart miteinander. Und auf diese Ähnlichkeit berufen sich diejenigen, die die Singularität des Holocaust bestreiten und ihn vergleichen – etwa mit den kolonialen Massakern vergangener Jahrhunderte.«[29]

In jedem Fall geht es darum, Ebenen des Vergleichs zu finden, um sich Sphären der Selbstvergewisserung zu erschließen. Unter dem Strich ist das Ideal auf sich selbst zurückgeworfen, bleibt aber Ideal. Daraus schöpfen Überlebende des Holocaust – sie schildern die Zerstörung der Zivilisation, halten zugleich aber an dem Ideal fest und bringen somit Erfahrungsraum und Erwartungshorizont auf eine eigentümliche Art und Weise wieder miteinander in Beziehung. Vielleicht liefern ja Autoren wie Jorge Semprun den Stoff, der der Erinnerungskultur künftig zur Verfügung steht:

»Gérard versucht, das alles in sein Gedächtnis aufzunehmen und denkt zugleich halb unbewußt daran, daß es gar nicht einmal ausgeschlossen ist, daß schon bald der Tod aller jetzt noch Schauenden für immer die Erinnerung an dieses Bild auslöschen wird und daß das schade wäre, er weiß selber nicht warum, schon muß er sich durch Tonnen schneeiger Watte in seinem Gehirn durchquälen, aber es wäre schade, die verworrene Gewißheit dieses Gedankens erfüllt ihn, und plötzlich hat er das Gefühl, daß diese großartige, majestätische Musik doch noch mächtig und herrlich in der Januarnacht emporrauscht, daß sie diese Reise triumphierend zu Ende führt und daß es tatsächlich gilt, so, unter den brausenden Wogen dieser hehren Musik, unter dem eisigen, in wirbelnde Garben zersprühenden Licht aus der Welt der Lebenden zu scheiden – dieser fest geprägte Satz kreist schwindelerregend in den Windungen seines Gehirns, das beschlagen ist wie eine Fensterscheibe von peitschenden Regengüssen: aus der Welt der Lebenden scheiden, aus der Welt der Lebenden scheiden.«[30]

Über-Leben in Buchenwald

Jorge Semprun hat Buchenwald überlebt. Er gehört zu einer Viertelmillion Menschen, die die Nationalsozialisten in diesem Konzentrationslager, das ursprünglich Konzentrationslager Ettersberg heißen sollte, eingesperrt hatten. Mehr als 60 000 von ihnen verloren ihr Leben.

Um einen Mythos mitzugestalten, kam der NKWD im April 1945 zu spät. Der chronologischen Ordnung halber: Erst zogen die SS-Mannschaften aus Buchenwald ab, dann überwältigten Häftlinge die verbliebenen Wachposten, dann rückte die US-Armee in das Konzentrationslager ein und übernahm die Verwaltung, und erst dann erreichte die Sowjetarmee Weimar. Das irritierte die SED nicht nachhaltig: Sie setzte nahe der Stadt der deutschen Nationaldichter neben dem klassischen nun auch noch einen »roten Olymp«. Das Konzentrationslager Buchenwald stand für den Beginn einer neuen Zeit, die der Sieg der Roten Armee über die nationalsozialistischen Barbaren aus Deutschland eingeleitet hatte. Das wollten sich zunächst die kommunistischen Häftlinge und später auch das SED-Regime nicht mehr nehmen lassen: »Mit der Hegemonialisierung der Erinnerung an die Geschichte des Lagers durch die führenden kommunistischen Mitglieder des ehemaligen Lagerkomitees geht die Auffassung von Erinnern und Gedenken, die die Geschichte des KZ Buchenwald und das Schicksal seiner Häftlinge in keinem Symbol angemessen repräsentierbar sieht, unter.«[31] Die Kommunisten beseitigen Spuren, tragen Baracken ab und nutzen Bestandteile des Lagers als Baumaterial. Denn das Lager hatte unmittelbar nach 1945 als sowjetisches Speziallager Nr. 2 eine doppelte Bedeutung erhalten: Mehr als ein Viertel der dort über knapp fünf Jahre hinweg 28 000 Internierten, politische Gegner und kleinere Funktionäre des NS-Staates, war umgekommen. Auf zwei Grabfeldern nahe dem Konzentrationslager wurden diese Opfer anonym verscharrt.

Die SED macht aus dem Lager einen nationalen Wallfahrtsort, den sich Schüler ansehen sollten, und einen Ort des Gedenkens vor allem an den in Buchenwald ermordeten Ernst Thälmann, den letzten Führer der KPD in der Weimarer Republik. Die Nazis hatten Thälmann in der Nacht zum 18. August 1944 von Bautzen nach Buchenwald gebracht, um ihn dort zu erschießen. Thälmann taugte fortan zur Personalisierung. Dagegen bleiben »Die Befreiten Häftlinge«, die 1958 vor dem weithin sichtbaren »Turm der Freiheit« aufgestellte Skulpturengruppe von Fritz Cremer, namenlos: »Ein Monument der heroisierten Selbstbefreiung.«[32] Die DDR machte aus einem Ort des Leidens einen »heroischen Kampfplatz« – »die monumentale Grab- und Gedenkstätte verwandelte in ihrem Bildprogramm den Ort der Niederlage, der Gefangenschaft und des Sterbens in einen die Nachkommenden verpflichtenden Sieg des antifaschistischen Widerstands«.[33]

Das konnte so nicht bleiben. Nach der Vereinigung sahen die »Opfer des Stalinismus« eine Chance, zu ihrem Recht zu kommen. Sie drängten darauf, daß es nun endlich auch ein Gedenken an die von der DDR unterschlagenen Opfer geben müsse. Dagegen beharrten andere Opferorganisationen darauf, Buchenwald auf jeden Fall so zu belassen, wie es ist. Um den Konflikt zu schlichten, berief die thüringische Landesregierung eine Expertenkommission, die empfahl, die Schicksale der unterschiedlichen Opfergruppen zu würdigen und separat davon den von der DDR geschaffenen Erinnerungskanon kritisch zu beleuchten.[34] »Wer erwartet hatte«, bilanziert schließlich Reichel, »daß die vollzogene Trennung von historischer Aufklärung und emotionaler Erinnerung den Konflikt lösen und die Kontrahenten zufriedenstellen würde, mußte sich eines Besseren belehren lassen: Die betroffenen ehemaligen Häftlinge beider Seiten kritisieren, daß in Buchenwald das nationalsozialistische Unrecht immer noch durch das stalinistische relativiert wird – und umgekehrt.«[35]

Erinnerungspolitische Ressourcen

Weimar ist ein mythendurchzogener Ort. Weimar bündelt im Grunde sämtliche erinnerungspolitischen Ressourcen. Zu Weimar gehören Goethe und Schiller. Zu der Stadt an der Ilm fällt einem auch gleich Nietzsche ein. Und Weimar ist unmittelbar an Buchenwald und das dortige Konzentrationslager gekoppelt.

Wer aber über Weimar spricht, kann auch von Zwangsarbeit nicht schweigen: Mitten in der Stadt, unweit des Goetheplatzes, ließ die NSDAP eine Reihe von Gebäuden errichten, das »Gauforum«. Dort residierte Fritz Sauckel, Gauleiter von Thüringen, und 1942 von Hitler zum »Generalbevollmächtigten für den Arbeitseinsatz« berufen. Sauckel zeichnete verantwortlich für die Verschleppung Hunderttausender Osteuropäer und prahlte damit, bei der Rekrutierung von Arbeitskräften immer neue Rekorde zu erzielen. Er »mobilisierte durch Einführung des Zwangsarbeitsdienstes alle verfügbaren Kräfte unter unmenschlichen und abstoßenden Bedingungen«.[36] Sauckel gehört auch zu Weimar. Anders als viele andere NS-Bürokraten hatte dieser bewährte Nationalsozialist keine Aufgabe, die jenseits der deutschen Öffentlichkeit zu bewerkstelligen gewesen wäre. Sauckel ist eine Schlüsselfigur des NS-Staates, der aus dieser Sicht noch einmal in einem anderen Licht erscheint. »Der millionenfache Mord an den Juden geschah ja unter höchster Geheimhaltung, die Verbrechen an der Bevölkerung der besetzten Ostgebiete geschahen weitab von Deutschland irgendwo ›im Osten‹. Im Gegensatz dazu wurden die ausländischen Arbeitskräfte gerade nicht ausgesondert und weggebracht, sondern nach Deutschland mitten in den Alltag der deutschen Bevölkerung hinein deportiert, ins eigene Wohnviertel, an die eigene Werkbank; und die Haltung der Deutschen entschied darüber, ob der Ausländereinsatz im Sinne der Regimeführung gelang.«[37]

Weimar steht gleichsam für die nationalsozialistische Vernichtungspolitik wie für den Arbeitseinsatz, und Weimar steht zugleich für einen Teil der Wirkungsgeschichte des Nationalsozialismus, dem sich der Westen bislang weitgehend verschlossen hat. Vielleicht erweist es sich ja jenseits der Konjunkturen von Geschichtsvergessenheit und Geschichtsbesessenheit als ein lohnendes Unterfangen, in diesem Zusammenhang erinnerungspolitische Ressourcen zu mobilisieren, um die Frage zu klären, wer wir sein wollen, wenn wir nicht mehr sein wollen, wer wir sind – und Berlin nicht Weimar ist.

Dann geht es auch um das Bild einer Gesellschaft, das diese von sich entwirft im Augenblick, wenn sie über den Krieg, die Zwangsarbeiter und die Vernichtung der Juden redet. Den Machern der Wehrmachtsausstellung haben manche den Vorwurf gemacht: Die Ausstellung zeigt nicht die ganze Wirklichkeit. Hinter diesem Vorwurf, merkte dazu Reemtsma bei der Eröffnung der Dokumentation in der Frankfurter Paulskirche an, steht »auch die Angst (...), es könne einmal jemand die ganze Wirklichkeit zur Darstellung bringen«.[38]

Das gilt erst recht für die Geschichte der Zwangsarbeit in Deutschland. Über die nationalsozialistische Wirklichkeit, den Alltag unter dem Hakenkreuz hinaus, konfrontiert sie die Berliner Republik mit schwerwiegenden Fragen, die auf die Quellen eines moralischen und auch politischen Selbstverständnisses zielen. Dann geht es um Prioritäten – darum, deutlich zu machen, daß vor der Rolle als Unternehmer oder als Deutscher steht, zuerst Bürger zu sein.

Anmerkungen

FAZ = Frankfurter Allgemeine Zeitung
FR = Frankfurter Rundschau
FT = Financial Times
SZ = Süddeutsche Zeitung

Literatur ist abgekürzt unter Nennung von Autor und Erscheinungsjahr zitiert. Die Auflösungen finden sich im Literaturverzeichnis.

Vorwort

1 FR, 27. September 2000.

Erstes Kapitel: Wenn die Geschichte in die Gegenwart hereinbricht

1 BMI (1998), 934.
2 Witte (1999), 456.
3 Diese bereits in Nürnberg gezogene Analogie von Zwangsarbeit und moderner Sklaverei erscheint ausgesprochen problematisch, denn anders als das System der Konzentrationslager und damit auch die dort forcierte Zwangsarbeit ist Sklaverei »letztlich nicht auf Terror und Tod angelegt, sondern auf Ausbeutung« (Sofsky [1997], 198). Im Gegensatz zur Zwangsarbeit gibt es bei den Ausbeutenden ein Interesse am Erhalt der Arbeitskraft.
4 Herbert (1986).
5 FAZ, 18. Dezember 1999.
6 Padover (1999), 15.
7 Reemtsma (1995), 63.
8 Ash (1999).
9 Frei (1996), 304.
10 Frei (1996a), 123.

Zweites Kapitel: Wie eine jahrzehntelange Blockade zu bröckeln beginnt

1 Zitiert nach Steinberg (1999), 39.
2 FR, 28. Januar 1999.
3 Rings (1996), 197.
4 Steinberg (1999), 9.
5 Zitiert nach Steinberg (1999), 41, aus: SS-Loot and Mageburg Books TO: A/Director, Finance

Division, US Group CC. From G-5 Division, Special Finance Detachment, 15. Mai 1945. BA, RG 260, 11/381/8.
6 Steinberg (1999), 41 f.
7 Bähr (1999), 141.
8 Bähr (1999), 142.
9 Bähr (1999), 135.
10 Bähr (1999), 145.
11 Görtemaker (1999), 126.
12 Vgl. dazu drittes und viertes Kapitel.
13 Adenauer (1987), 342.
14 Protokolle des Deutschen Bundestags, 254. Sitzung der II. Legislaturperiode, 12279.
15 Protokolle des Deutschen Bundestags, 12280.
16 Adenauer (1997), 347.
17 Adenauer (1997), 89.
18 Hilberg (1990), 1235.
19 Schwarz (1994), 902.
20 FR, 5. Dezember 1998.
21 FR, 28. November 1998.
22 Pohl (1999). In einer anderen Studie widmet sich Pohl ein Jahr später einem weiteren Branchenführer, dem Unternehmen Hochtief. Darin verweist Pohl auf die ideologische Konkurrenz zwischen führenden Repräsentanten von Hochtief und des NS-Staates, wenn es um eine »Vorstellung von Volksgemeinschaft« ging, Pohl (2000).
23 BMI (1998), 534.
24 BMI (1998), 934.
25 BMI (1998), 934.
26 BMI (1998), 864.
27 BMI (1998), 955 f.
28 Siehe dazu fünftes Kapitel.
29 »Der Vertrag regelte in zehn Artikeln die außenpolitischen Aspekte der deutschen Vereinigung und kam damit einem Friedensvertrag zwischen Deutschland und den Siegermächten des Zweiten Weltkriegs gleich, auch wenn der Begriff selbst vermieden wurde«, Görtemaker (1999), 766.
30 Unterrichtung durch die Bundesregierung, Deutscher Bundestag Drucksache 13/4787.
31 Bundesverfassungsgericht, Beschluß vom 13. Mai 1996.
32 BMI (1998), 955.
33 Burkhard Heß hat den beteiligten Gerichten und insbesondere dem Bundesverfassungsgericht vorgeworfen, die angesichts des Alters der Kläger gebotene Eile ignoriert zu haben, Heß in Barwig (1998), 78.
34 FR, 28. Oktober 1996.

Drittes Kapitel: Zwangsarbeiter im »Dritten Reich«

1 Frankenthal (1999), 65.
2 FR, 20. Oktober 1998: Jachmann im Gespräch mit dem Verfasser.
3 Auszüge des Manuskripts in FR, 2. Juli 1998.
4 Hayes (1998), 116.

5 Kogon (1986).
6 Münkler (1992), 27.
7 Herbert (1986), 358.
8 Hayes (1998), 116.
9 Hilberg (1990), 987.
10 Nach der Fusion mit dem französischen Unternehmen Rhône-Poulenc heißt der Konzern heute Aventis.
11 Hilberg (1990), 994.
12 Ueberschär (1999), 138.
13 Langbein (1990), 63.
14 Setkiewicz (1998), 601.
15 Frei (1993), 153.
16 Frankenthal (1999), 123.
17 Frankenthal (1999), 65 f.
18 Witte (1999), 178.
19 Hopmann (1996), 77.
20 Benz (2000), 189.
21 Herbert (1986), 75.
22 Herbert (1986), 76.
23 Herbert (1986), 129.
24 Schmidt-Gustavus (1984), 34, 36.
25 Schmidt-Gustavus (1984), 125.
26 Fest (1999), 197.
27 Mommsen (1999a), 28.
28 Herbst (1996), 412.
29 Mommsen (1999a), 31.
30 Frankenthal (1999), 66.
31 Witte (1999), 522.
32 Herbert (1986), 350.
33 Pohl (1999).
34 Mommsen (1999a), 31.
35 Fest (1999), 202.
36 Kroener (1999), 220.
37 Broszat (1983), 378.
38 Zitiert nach Streit (1997), 199.
39 Streit (1997), 193.
40 Streit (1997), 201.
41 Streit (1997), 202.
42 Streit (1997), 203.
43 Herbert (1986), 396.
44 Winkler (2000), 97.
45 Herbert (1986), 250.
46 Sofsky (1997), 208.
47 Herbert (1986), 173.
48 Herbert (1986), 207.
49 Herbert (1986), 229.
50 Herbert (1986), 271.

51 Herbert (1986), 177.
52 Burleigh (2000), 903.
53 Burleigh (2000), 903.
54 Zitiert nach Herbert (1986), 169.
55 Zitiert nach Kroener (1999), 216.
56 Herbert (1986), 257.
57 Herbert (1986), 257.
58 Herbert (1986), 262.
59 Herbert (1996), 391.
60 Mommsen (1996), 863.
61 Mommsen (1996), 598.
62 Gerlach (1999), 999.
63 Gerlach (1999), 996.
64 Mommsen (1996), 782.
65 Mommsen (1996), 799.
66 Herbert (1986), 121.
67 Herbert (1986), 120.
68 Schwarz (1996), 100.
69 Lotfi (2000), 119.
70 Anonymus im Gespräch mit dem Verfasser.
71 Herbert (1986), 314.
72 Broszat (1989), 284.
73 Herbert (1986), 329.
74 Brodski (1991), 261.
75 Zubkova (1999), 372.
76 Goschler (1986).

Viertes Kapitel: Die Verhandlungen zur Entschädigung von Zwangsarbeitern

1 Protokolle des Deutschen Bundestags, 11. Wahlperiode, 161. Sitzung, 28. September 1989, 12225.
2 Ferencz im Gespräch mit dem Verfasser am 22. August 2000.
3 Protokolle des Bundestags, 12224.
4 Protokolle des Bundestags, 12233.
5 Protokolle des Bundestags, 12228.
6 Protokolle des Bundestags, 12237.
7 Protokolle des Bundestags, 12234.
8 FR, 27. Juni 1990.
9 DIE ZEIT, 28. Mai 1993.
10 Noch vor der Bundestagswahl 1998 und dem Wahlsieg Schröders hat Vogel die Optionen für Entschädigungszahlungen skizziert: »Man muß dreierlei auseinanderhalten. Erstens: Wenn es eine Stiftung des öffentlichen Rechts würde, müßte die auf Bundesebene angesiedelt werden. Das geht nicht ohne die Bundesregierung. Es ginge wahrscheinlich nicht einmal ohne das Parlament, weil eine solche Stiftung wohl einer gesetzlichen Grundlage bedürfte. Insofern ist es also richtig, daß man den Bund braucht. Die zweite Frage ist, ob der Bund auch noch etwas zuschießen sollte. Da bin ich sehr zurückhaltend, denn hier sind die Unternehmen in der Pflicht.

Drittens: Der Bund als Rechtsnachfolger des Reichs und die Städte sind insoweit gefordert, als sie ebenso wie die Unternehmen Zwangsarbeiter beschäftigt haben. Von daher ist dann der Bund beteiligt.« (Vogel im Gespräch mit dem Verfasser, FR, 18. September 1998.)
11 Jansen im Gespräch mit dem Verfasser.
12 Erklärung der Stiftungsinitiative vom 16. Februar 1999.
13 Erklärung der Stiftungsinitiative.
14 FR, 19. Oktober 1998.
15 FR, 19. Oktober 1998.
16 Niethammer, »Internes Papier vom 4. September 1999«.
17 Niethammer, »Internes Papier«, 3.
18 Niethammer, »Internes Papier«, 4.
19 Kuczynski (2000), 170.
20 Kuczynski (2000), 171.
21 FAZ, 21. Oktober 1999.
22 Süddeutsche Zeitung, 4. November 1999.
23 Pohl (2000), 166: In den Jahren zwischen 1936 und 1938 ist bei Hochtief »ein rasantes Wachstum sowohl in der Bilanzsumme als auch der Mitarbeiterzahlen zu erkennen«, Pohl (2000), 197.
24 Pohl (2000), 123.
25 Pohl (2000), 155.
26 FR, 3. März 2000.
27 Brozik im Gespräch mit dem Verfasser, FR, 6. März 2000.
28 Protokolle des Bundestags, Auszüge aus dem Internet ohne Seitenangabe.
29 Gemeinsame Erklärung Blatt 3.
30 Brigitte A. im Gespräch mit dem Verfasser.
31 FR, 21. Oktober 2000.
32 FR, 21. Oktober 2000.

Fünftes Kapitel: Geschichte der Gegenwart, Gegenwart der Geschichte – Verständigungsverhältnisse in Zeiten der Einheit

1 Benz (2000a), 3.
2 Schirrmacher (1999), 11 f.
3 »Gedächtnis und Kollektiv unterstützen sich gegenseitig: Das Kollektiv ist der Träger des Gedächtnisses, das Gedächtnis stabilisiert das Kollektiv«, Assmann (1999), 42.
4 »Beschwiegene Schuld unterminiert geradezu strategisch das (...) Bürgerethos und die Grundlagen eines demokratischen Grundkonsenses wie des alltäglichen *common* sense. Sie zerstört das für die Demokratie notwendige Selbstwertgefühl der Bürger, ihre Empathie- und gegenseitige Vertrauensfähigkeit«, Schwan (1997), 219, HiT.
5 Korn im Gespräch mit dem Verfasser, in Korn (1999), 226.
6 Dafür steht beispielhaft der Roman *Der Fall von Madrid* von Rafael Chirbes, München 2000.
7 Detlef Junker, FAZ, 9. September 2000.
8 Salomon Korn im Gespräch mit dem Verfasser, FR, 9. Dezember 1999.
9 Arad, FR, 14. Mai 1996.
10 Frei (1996), 305.
11 Saul Friedländer hat auf eine weitere Verfügung Globkes hingewiesen, die am 17. August

1938 verkündete, daß »vom 1. Januar 1939 an Juden, die keinen der auf einer Anlage beigefügten Liste verzeichneten Vornamen trugen, ihrem Namen den Vornamen Israel oder Sara hinzuzufügen hatten. Die beigefügte Liste männlicher Vornamen begann mit Abel, Abieser, Abimelch, Abner, Abssalom, Ahab, Ahasja, Ahaser und so fort; die Liste der weiblichen Vornamen gehörte in dieselbe Kategorie. (Wären diese Listen unter anderen Umständen zusammengestellt worden, dann könnten sie als angemessene Belege für die Geistesverfassung bürokratischer Schwachsinniger stehen)«, Friedländer (1998), 276.

12 »In der DDR spielten von den fünfziger Jahren an Begriffe wie Vergangenheitsbewältigung und Aufarbeitung von Vergangenheit – zumindest im öffentlichen Sprachgebrauch – keine Rolle mehr«, Glaser (1997), 54.

13 Assmann/Frevert (1999), 288.

14 Zitiert nach Knigge (1997), 5.

15 Zitiert nach Knigge (1997), 7.

16 Diner (1995), 79.

17 Nolte (1987), 32.

18 Habermas (1987), 75.

19 Diner (1995), 21.

20 Diner (1995), 23.

21 Dubiel hat in seiner Untersuchung über die nationalsozialistische Herrschaft in den Debatten des Bundestags auf die bereits in frühen Jahren der Republik feststellbare »Beharrungskraft einer nationalen Form der Selbstidentifikation der Deutschen« hingewiesen: »Die Form der Selbstidentifikation ist (...) derart selbstverständlich, daß die Juden, die noch vor wenigen Jahren im Namen der deutschen Nation ermordet wurden, erst wieder in diese eingemeindet werden müssen, um überhaupt legitime Objekte der Trauer werden zu können«, Dubiel (1999), 45.

22 Münkler/Storch (1988), 104.

23 Musial (1999).

24 Goldhagen (1998).

25 Hilberg (1999), 36.

26 Heimrod (1999).

27 Koselleck (1989), 354.

28 Reemtsma (2000a), 104.

29 Reemtsma (1999), 103.

30 Semprun (1981), 239.

31 Knigge (1997), 19.

32 Reichel (1999), 103.

33 Reichel (1999), 103.

34 Das gilt im übrigen auch für den Erinnerungskanon, den der Westen Deutschlands hütet. So begleitete die Wehrmachtsausstellung an verschiedenen Orten eine Dokumentation des Militärgeschichtlichen Forschungsamtes, die den Widerstand aus Kreisen der Wehrmacht akzentuiert. Ein anderes Beispiel ist Johann Georg Elser, der eine allgemeine Anerkennung bis heute nicht erfahren hat.

35 Reichel (1999), 109.

36 Heydecker (1985), 555.

37 Herbert (1986), 356.

38 Reemtsma (2000), 402.

Bibliographie

Adenauer (1987): Konrad Adenauer, Briefe 1951–1953, Rhöndorfer Ausgabe, hrsg. von Rudolf Morsey und Hans-Peter Schwarz, Berlin
Adenauer (1995): Ders., Briefe 1953–1955, Rhöndorfer Ausgabe, Berlin
Adenauer (1997): Ders., Unter vier Augen. Gespräche aus den Gründerjahren 1949–1959, bearbeitet von Hans Peter Mensing, Berlin
Ash (1999): Timothy Garton Ash, Zeit der Freiheit – Aus den Zentren von Mitteleuropa, München
Assmann (1999): Aleida Assmann/Ute Frevert, Geschichtsvergessenheit – Geschichtsversessenheit. Vom Umgang mit deutschen Vergangenheiten nach 1945, Stuttgart
Barwig (1998): Klaus Barwig u. a. (Hrsg.), Entschädigung für NS-Zwangsarbeit. Rechtliche, historische und politische Aspekte, Baden-Baden
Benz (2000): Wolfgang Benz, Geschichte des Dritten Reiches, München
Benz (2000a): Ders./Barbara Distel (Hrsg.), Dachauer Hefte 16: Zwangsarbeit,Dachau
Brodski (1991): Josef A. Brodski, Timor und andere – Sowjetische Zwangsarbeiter im Widerstand und ihr Schicksal nach der Befreiung, in: Herbert (1991), S. 251 ff.
Broszat (1983): Martin Broszat, Der Staat Hitlers, München
Broszat (1994): Ders. u. a., Anatomie des SS-Staates, München
Broszat (1989): Ders./Norbert Frei, Das Dritte Reich im Überblick, München
BMI (1998): Bundesministerium des Innern (Hrsg.), Deutsche Einheit. Dokumente zur Deutschlandpolitik, Sonderedition aus den Akten des Bundeskanzleramts 1989/90, München
Burleigh (2000): Michael Burleigh, Die Zeit des Nationalsozialismus. Eine Gesamtdarstellung, Frankfurt am Main
Burrin (1993): Philippe Burrin, Hitler und die Juden. Die Entscheidung für den Völkermord, Frankfurt am Main
Chirbes (2000): Rafael Chirbes, Der Fall von Madrid, München
Diner (1995): Dan Diner, Kreisläufe. Nationalsozialismus und Gedächtnis, Berlin
Diner (1999): Ders., Das Jahrhundert verstehen. Eine universalhistorische Deutung, München
Dubiel (1999): Helmut Dubiel, Niemand ist frei von der Geschichte. Die nationalsozialistische Herrschaft in den Debatten des Deutschen Bundestags, München
Feldman (2000): Gerald D. Feldman, Unternehmensgeschichte im Dritten Reich und die Verantwortung der Historiker. Raubgold und Versicherungen, Arisierung und Zwangsarbeit, in: Norbert Frei, Geschichte vor Gericht, München, S. 103 ff.
Ferencz (1986): Benjamin B. Ferencz, Lohn des Grauens, Die Entschädigung jüdischer Zwangsarbeiter – ein offenes Kapitel deutscher Nachkriegsgeschichte, Frankfurt am Main
Fest (1999): Joachim Fest, Speer. Eine Biographie, Berlin
Frankenthal (1999): Hans Frankenthal, Verweigerte Rückkehr. Erfahrungen nach dem Judenmord, Frankfurt am Main
Frei (1993): Norbert Frei, Der Führerstaat. Nationalsozialistische Herrschaft 1933 bis 1945, München

Frei (1996): Ders., Vergangenheitspolitik. Die Anfänge der Bundesrepublik und die NS-Vergangenheit, München

Frei (1996a): Ders., Der Frankfurter Auschwitz-Prozeß und die deutsche Zeitgeschichtsforschung, in: Fritz-Bauer-Institut (Hrsg.), Auschwitz: Geschichte, Rezeption und Wirkung. Jahrbuch 1996 zur Geschichte und Wirkung des Holocaust, Frankfurt am Main, S. 123 ff.

Friedländer (1998): Saul Friedländer, Das Dritte Reich und die Juden. Die Jahre der Verfolgung 1933–1939, München

Gerlach (1999): Wolfgang Gerlach, Kalkulierte Morde. Die deutsche Wirtschafts- und Vernichtungspolitik in Weißrußland 1941 bis 1944, Hamburg

Glaser (1997): Hermann Glaser, Deutsche Kultur 1945–2000, München

Goebbels (1987): Joseph Goebbels, Die Tagebücher von Joseph Goebbels, hrsg. von Elke Fröhlich, München

Görtemaker (1999): Manfred Görtemacher, Geschichte der Bundesrepublik Deutschland. Von der Gründung bis zur Gegenwart, München

Goldhagen (1998): Daniel Jonah Goldhagen, Hitlers willige Vollstrecker. Ganz gewöhnliche Deutsche und der Holocaust, Berlin

Goschler (1986): Constantin Goschler, Streit um Almosen. Die Entschädigung der KZ-Zwangsarbeiter durch die deutsche Nachkriegsindustrie, in: Barbara Distel/Wolfgang Benz (Hrsg.), Dachauer Hefte 2: Sklavenarbeit im KZ, München, S. 175 ff.

Habermas (1987): Jürgen Habermas, Eine Art Schadensabwicklung, in: Rudolf Augstein u. a.: »Historikerstreit«. Die Dokumentation der Kontroverse um die Einzigartigkeit der nationalsozialistischen Judenvernichtung, München, S. 62 ff.

Hayes (1998): Peter Hayes, Die IG Farbenindustrie, in: Manfred Pohl/Lothar Gall (Hrsg.), Unternehmen im Nationalsozialismus, München

Hayes (2000): Ders., Die »Arisierungen« der Degussa AG. Geschichte und Bilanz, in: Fritz-Bauer-Institut (Hrsg.), »Arisierung« im Nationalsozialismus. Volksgemeinschaft, Raub und Gedächtnis, Frankfurt am Main, S. 85 ff.

Heimrod (1999): Ute Heimrod u. a. (Hrsg.), Der Denkmalstreit – das Denkmal? Berlin

Herbert (1986): Ulrich Herbert, Fremdarbeiter. Politik und Praxis des »Ausländer-Einsatzes« in der Kriegswirtschaft des Dritten Reiches, Bonn

Herbert (1991): Ders. (Hrsg.), Europa und der Reichseinsatz. Ausländische Zivilarbeiter, Kriegsgefangene und KZ-Häftlinge in Deutschland 1938–1945, Essen

Herbert (1996): Ders., Best. Biographische Studien über Radikalismus, Weltanschauung und Vernunft, Bonn

Herbert (1998): Ders. (Hrsg.), Nationalsozialistische Vernichtungspolitik 1939–1945. Neue Forschungen und Kontroversen, Frankfurt am Main

Herbert (1998a): Ders./Karin Orth/Christoph Dieckmann (Hrsg.), Die nationalsozialistischen Konzentrationslager. Entwicklung und Struktur, 2 Bände, Göttingen 1998

Herbst (1996): Ludolf Herbst, Das nationalsozialistische Deutschland 1933–1945, Frankfurt am Main

Heydecker (1985):, Joe J. Heydecker/Johannes Leeb, Der Nürnberger Prozeß, Köln

Hilberg (1990): Raul Hilberg, Die Vernichtung der europäischen Juden, 3 Bände, Frankfurt am Main

Hilberg (1998): Ders., Das Goldhagen-Phänomen, in: Johannes Heil/Rainer Erb (Hrsg.), Geschichtswissenschaft und Öffentlichkeit. Der Streit um Daniel J. Goldhagen, Frankfurt am Main

Hopmann (1994): Barbara Hopmann u. a., Zwangsarbeit bei Daimler-Benz, Stuttgart

Knigge (1997): Volkhard Knigge, Versteinertes Gedenken. Das Buchenwalder Mahnmal von 1958, Weimar

Kogon (1986): Eugen Kogen u. a. (Hrsg.), Nationalsozialistische Massentötungen durch Giftgas. Eine Dokumentation, Frankfurt am Main

Korn (1999): Salomon Korn, Geteilte Erinnerung. Beiträge zur »deutsch-jüdischen« Gegenwart, Berlin

Koselleck (1989): Reinhart Koselleck, Vergangene Zukunft. Zur Semantik geschichtlicher Zeiten, Frankfurt am Main

Kroener (1999): Bernhard R. Kroener/Rolf-Dieter Müller/Hans Umbreit, Das Deutsche Reich und der Zweite Weltkrieg, Band 5, Zweiter Halbband: Kriegsverwaltung, Wirtschaft und personelle Ressourcen, 1942–1944/45, hrsg. vom Militärgeschichtlichen Forschungsamt, Stuttgart

Kuczynski (2000): Thomas Kuczynski, Entschädigungsansprüche für Zwangsarbeit im »Dritten Reich«, in: Ulrike Winkler (Hrsg.), Stiften gehen. NS-Zwangsarbeit und Entschädigungsdebatte, Köln, S. 170 ff.

Langbein (1990): Hermann Langbein, Der Auschwitz-Prozeß, Frankfurt am Main 1990

Lotfi (2000): Gabriele Lotfi, KZ der Gestapo. Arbeitserziehungslager im Dritten Reich, Stuttgart/München

Mommsen (1996): Hans Mommsen mit Manfred Grieger, Das Volkswagenwerk und seine Arbeiter im Dritten Reich, Düsseldorf

Mommsen (1999): Ders., Von Weimar nach Auschwitz. Zur Geschichte Deutschlands in der Weltkriegsepoche, Stuttgart

Mommsen (1999a): Ders., Der Mythos von der Modernität. Zur Entwicklung der Rüstungsindustrie im Dritten Reich, Essen

Münkler (1992): Herfried Münkler, Gewalt und Ordnung. Das Bild des Krieges im politischen Denken, Frankfurt am Main

Münkler (1988): Ders./Wolfgang Storch, Siegfrieden. Politik mit einem deutschen Mythos, Berlin

Musial (1999): Bogdan Musial, Bilder einer Ausstellung. Kritische Anmerkungen zur Wehrmachtsausstellung »Vernichtungskrieg. Verbrechen der Wehrmacht 1941 bis 1944«, in: Vierteljahrshefte für Zeitgeschichte, 4/1999, S. 563 ff.

Nolte (1987): Ernst Nolte, Zwischen Geschichtslegende und Revisionismus?, in: Rudolf Augstein u. a.: »Historikerstreit«. Die Dokumentation der Kontroverse um die Einzigartigkeit der nationalsozialistischen Judenvernichtung, München, S. 13 ff.

Padover (1999): Saul K. Padover, Lügendetektor. Vernehmungen im besiegten Deutschland, Frankfurt am Main

Pohl (1999): Manfred Pohl, Philipp Holzmann. Geschichte eines Bauunternehmens 1849–1999, München

Pohl (2000): Ders./Birgit Siekmann, Hochtief und seine Geschichte. Von den Brüdern Helfmann bis ins 21. Jahrhundert, München 2000

Reemtsma (1995): Jan Philipp Reemtsma, ... und 1 Jahrhundert, in: Hamburger Institut für Sozialforschung (Hrsg.), 200 Tage und 1 Jahrhundert. Gewalt und Destruktivität im Spiegel des Jahres 1945, Hamburg, S. 46 ff.

Reemtsma (2000): Ders., Krieg und Nachkrieg. Reden zur Eröffnung der Ausstellung »Vernichtungskrieg. Verbrechen der Wehrmacht 1941 bis 1944« in München und Frankfurt, München, S. 381 ff.

Reemtsma (2000a): Ders., Das Jahrhundert der Gewalt, in: Wilfried F. Schoeller u. a. (Hrsg.),

Erinnerte Zukunft – Was nehmen wir mit ins nächste Jahrhundert? Römerberggespräche 1999, Reinbek, S. 98 ff.
Reichel (1999): Peter Reichel, Politik mit der Erinnerung. Gedächtnisorte im Streit um die nationalsozialistische Vergangenheit, Frankfurt am Main
Rings (1996): Werner Rings, Raubgold aus Deutschland. Die »Golddrehscheibe« Schweiz im Zweiten Weltkrieg, München
Schirrmacher (1999): Frank Schirrmacher (Hrsg.), Die Walser-Bubis-Debatte. Eine Dokumentation, Frankfurt am Main
Schmidt-Gustavus (1984): Christoph U. Schmidt-Gustavus (Hrsg.), Hungern für Hitler. Erinnerungen polnischer Zwangsarbeiter im Deutschen Reich 1940–1945, Reinbek 1984
Schwan (1997): Gesine Schwan, Politik und Schuld. Die zerstörerische Macht des Schweigens, Frankfurt am Main
Schwarz (1996): Gudrun Schwarz, Die nationalsozialistischen Lager, Frankfurt am Main
Schwarz (1994): Hans-Peter Schwarz, Adenauer, Band 1: Der Aufstieg 1876–1952, München
Semprun (1981): Jorge Semprun, Die große Reise, Frankfurt am Main
Setkiewicz (1998): Piotr Setkiewicz, Häftlingsarbeit im KZ Auschwitz III-Monowitz. Die Frage nach der Wirtschaftlichkeit der Arbeit, in: Herbert (1998a), S. 584 ff.
Sofsky (1997): Wolfgang Sofsky, Die Ordnung des Terrors: Die Konzentrationslager, Frankfurt am Main
Steinberg (1999): Jonathan Steinberg, Die Deutsche Bank und ihre Goldtransaktionen während des Zweiten Weltkriegs, München
Streit (1997): Christian Streit, Keine Kameraden. Die Wehrmacht und die sowjetischen Kriegsgefangenen 1941–1945, Bonn
Ueberschär (1999): Gerd R. Ueberschär (Hrsg.), Der Nationalsozialismus vor Gericht. Die alliierten Prozesse gegen Kriegsverbrecher und Soldaten 1943–1952, Frankfurt am Main
Winkler (2000): Heinrich August Winkler, Der lange Weg nach Westen. Deutsche Geschichte vom »Dritten Reich« bis zur Wiedervereinigung, München
Witte (1999): Peter Witte u. a., Der Dienstkalender Heinrich Himmlers 1941/42, Hamburg
Zubkova (1999): Elena Zubkova, Die sowjetische Gesellschaft nach dem Krieg. Lage und Stimmung der Bevölkerung 1945/46, in: Vierteljahrshefte für Zeitgeschichte 3/1999, S. 363 ff.

Götz Aly

»Endlösung«

Völkerverschiebung und der Mord
an den europäischen Juden

Band 14067

Über die »Endlösung« wurde viel geschrieben, aber die politischen Entscheidungsprozesse, die der Tat vorausgingen, liegen noch immer im dunkeln. Die Mörder hatten die Dokumente weitgehend verbrannt und logen später nach Kräften. Auch wenn das Wissen über den Holocaust fragmentarisch bleiben wird, so gelingt es Götz Aly doch, die Entscheidungsgeschichte in einer Gründlichkeit zu rekonstruieren, wie das bisher noch nicht versucht wurde.

Sein Buch endet mit dem Konsenspapier der Wannsee-Konferenz vom 20. Januar 1942. Es beginnt mit dem 1. September 1933. Denn so amoralisch und rassistisch die antijüdische Politik in Deutschland schon seit 1933 angelegt war, so wurden die wichtigsten Bedingungen, die zur »Endlösung« führten, doch erst im Krieg geschaffen: »Jetzt«, notierte Goebbels im März 1942 zur »Judenfrage«, haben wir eine ganze Reihe von Möglichkeiten, die uns im Frieden verwehrt sind. Die müssen wir ausnützen.«

Die Dokumente, die der Autor in russischen, polnischen und deutschen Archiven neu erschlossen hat, lassen sichtbar werden, daß es den einen »Entschluß« nicht gab: Der Mord an den europäischen Juden wurde weder an einem Tag noch von einer Person noch für alle Juden gleichzeitig beschlossen. Vielmehr handelte es sich um einen für die Verhältnisse des »Führerstaates« ungewöhnlich langen und komplexen Entscheidungsprozeß.

Fischer Taschenbuch Verlag

Raul Hilberg
Täter, Opfer, Zuschauer
Die Vernichtung der Juden 1933-1945
Aus dem Amerikanischen von Hans Günter Holl
Band 13216

Nach seinem Standardwerk ›Die Vernichtung der europäischen Juden‹ beschreibt der Autor die Massenvernichtung der Juden nun aus der Sicht der damals handelnden, leidenden oder scheinbar unbeteiligt danebenstehenden Personen.

Im Teil **Täter** werden die alten und neuen Eliten dargestellt, die eifrigen Karrieristen in Verwaltung, Armee und Partei, in Verbänden und Organisationen. Sie entstammten allen sozialen Schichten. Der Teil **Opfer** beschäftigt sich mit den Opfern und deren vielfältigen Geschichten. Hier geht es auch um die Rolle der Judenräte beim Vernichtungsprozeß und um die Überlebenden. Im Teil **Zuschauer** beschreibt der Autor das Verhalten der scheinbar unbeteiligt Danebenstehenden, der kleinen und großen Gewinner des Judenmordes, die z. B. Wohnungen und Arbeitsplätze übernahmen. Angesprochen wird auch das fragwürdige Verhalten der Staatenwelt, des Roten Kreuzes und anderer humanitärer Organisationen, nicht zuletzt das der Kirchen.

Fischer Taschenbuch Verlag